Impressum
Verlag: BABADADA GmbH, Nedderfeld 112 , 22529 Hamburg
Geschäftsführer / Verlagsleitung: Harald Hof
Druck: Books on Demand GmbH, In de Tarpen 42, 22848 Norderstedt

Imprint
Publisher: BABADADA GmbH, Nedderfeld 112 , 22529 Hamburg, Germany
Managing Director / Publishing direction: Harald Hof
Print: Books on Demand GmbH, In de Tarpen 42, 22848 Norderstedt

école

xikolo

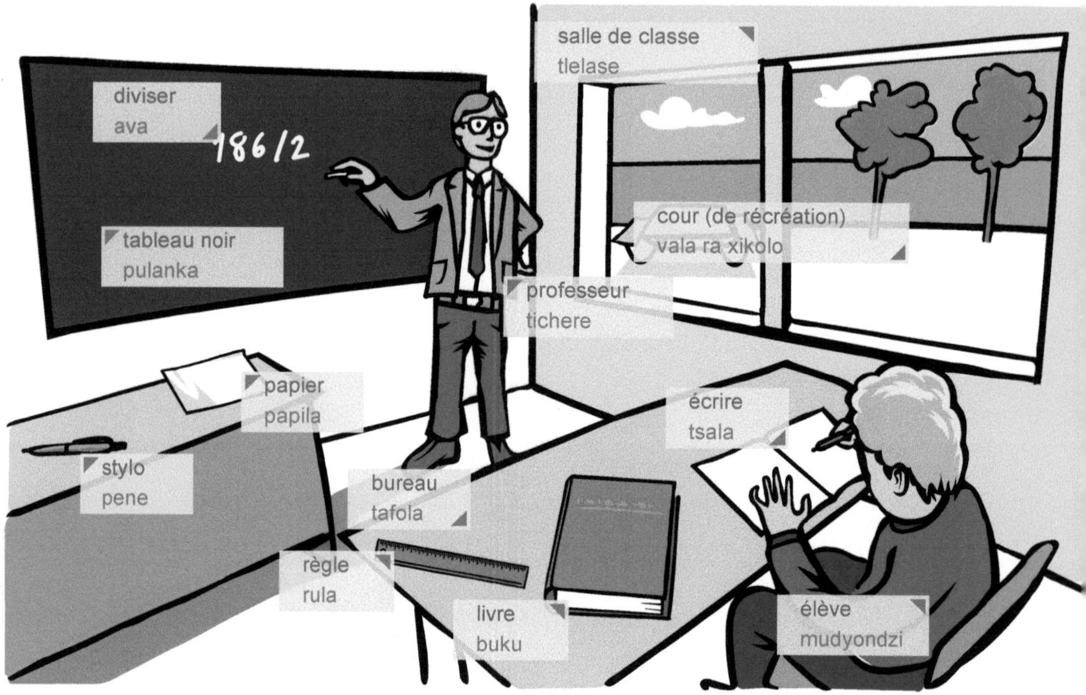

salle de classe
tlelase
diviser
ava
186/2
tableau noir
pulanka
cour (de récréation)
vala ra xikolo
professeur
tichere
papier
papila
écrire
tsala
stylo
pene
bureau
tafola
règle
rula
livre
buku
élève
mudyondzi

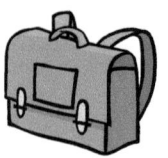

cartable

xinkwamana

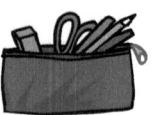

trousse

bokisi ra tipensele

crayon

pensele

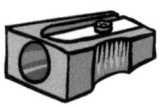

taille-crayon

muchini wo vatla tipensele

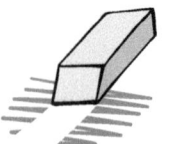

gomme

rhaba

carnet à dessin

papilo ro dirowa

dessin

xifaniso lexi diroweke

pinceau

burachi ro penda

boîte de peinture

bokisi ro penda

ciseaux

xikero

colle

xidamarheti

cahier d'exercices

buku ya xikolo

devoirs

ntirho wa le kaya

chiffre

nombhoro

additionner

engeta

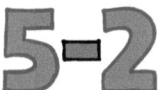

soustraire

susa

multiplier

andzisa

calculer

hlaya

lettre

letere

alphabet

maletere

mot

rito

texte
....
rungula

lire
....
hlaya

craie
....
choko

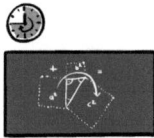

leçon
....
dyondzo

livre de classe
....
tsarisa

examen
....
xikambelo

certificat
....
xitifiketi

uniforme scolaire
....
swiambalo swa xikolo

formation
....
dyondzo

lexique
....
nsonga-vutivi

université
....
univhesiti

microscope
....
makhiriskopu

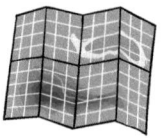

carte
....
mepe

corbeille à papier
....
xikotela xo lahla maphepha

voyage
kufamba

hôtel
hotele
Grand
auberge
hositele
ROOMS
bureau de change
ndhawu yo cinca mali
CHANGE
valise
putumendhe
voiture
movha

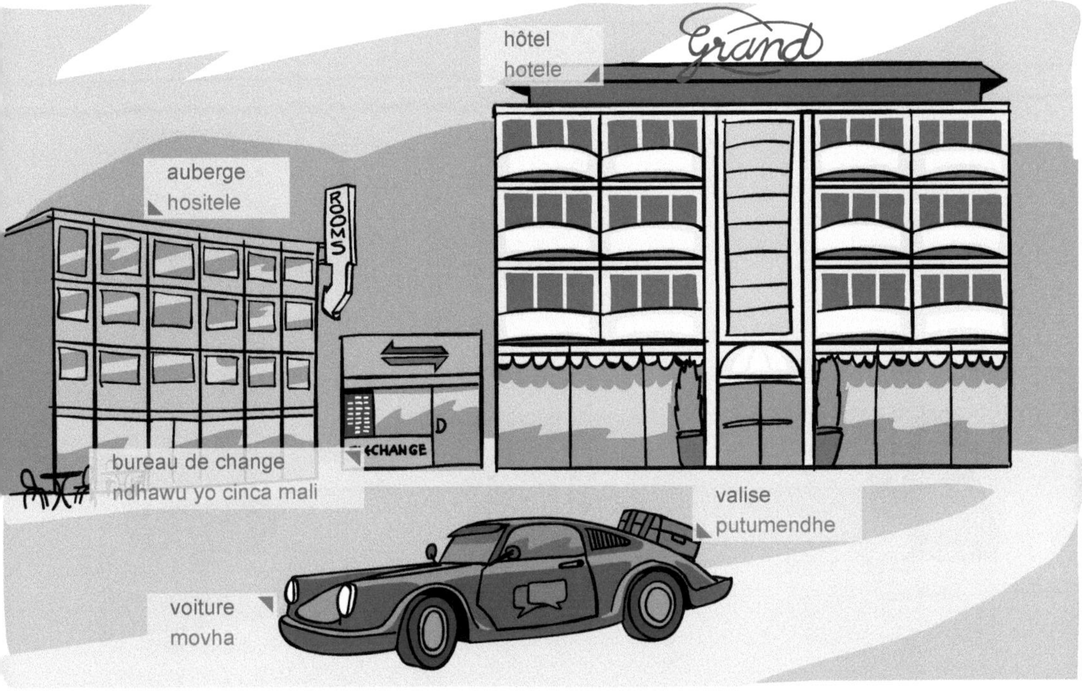

langue

ririmi

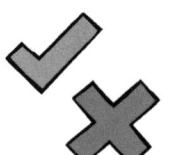

oui / non

ina / e-e

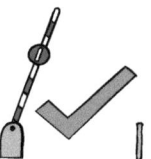

d'accord

Swikahle

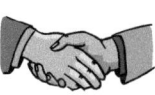

Salut

ahe

interprète

muhundzuluxeri

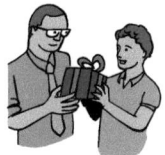

merci

Ndza khensa

Combien coûte...?

ivungani…?

Je ne comprends pas

Andzi twisisi

problème

nkinga

Bonsoir !

Riperile!

Bonjour !

Maxelo ya kahle!

Bonne nuit !

Vusiku bya kahle!

Au revoir

sala kahle

direction

nkongomiso

bagages

mindzhwalo

sac

nkwama

sac-à-dos

nkwama

hôte

muendzi

pièce

kamara

sac de couchage

nkwama wo etlela

tente

tende

office de tourisme

vuxokoxoko bya vaendzi

plage

ribuwa

carte de crédit

khadi ra xikweleti

petit-déjeuner

xifihlulo

déjeuner

swakudya swa ninhlekani

dîner

swakudya swa nimadyambu

billet

thikithi

ascenseur

kheshe

timbre

xitempe

frontière

ndzilakana

douane

mikhuva

ambassade

hovisi ya vuyimeri ya tiko

visa

visa

passeport

pasi ro endza

transport

swilo swo famba

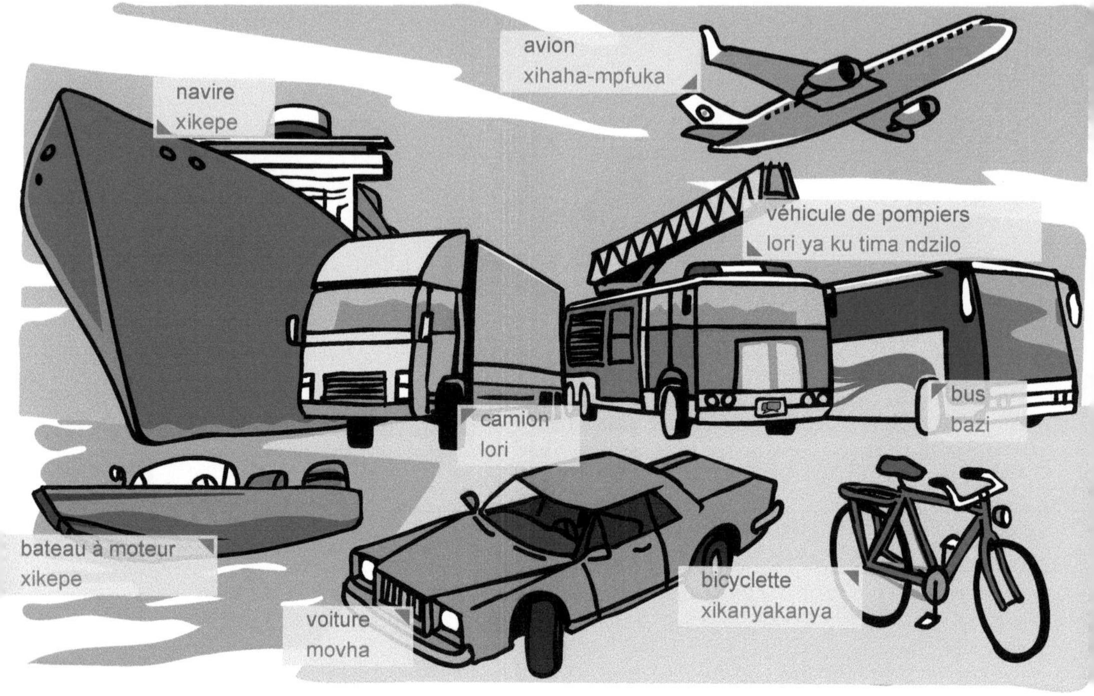
avion
xihaha-mpfuka
navire
xikepe
véhicule de pompiers
lori ya ku tima ndzilo
bus
bazi
camion
lori
bateau à moteur
xikepe
bicyclette
xikanyakanya
voiture
movha

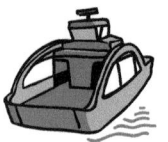

ferry

xikepe

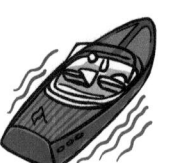

barque

xikepe

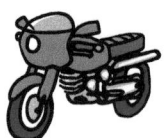

moto

xithuthuthu

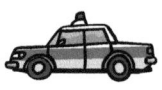

voiture de police

movha wa maphorisa

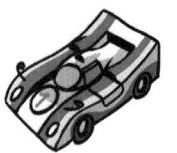

voiture de course

movha wa mphikizano

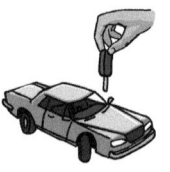

voiture de location

movha yo lombiwa

auto-partage

ku avelana hi movha

voiture de remorquage

lori yo koka timovha

benne à ordures

lori yo rhwala chaka

moteur

njhini

essence

mafurha

station d'essence

ndhawu yo xavisa petirolo

panneau indicateur

mpfungo wa le patwini

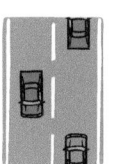

trafic

mafambelo ya mimovha

embouteillage

ntlimbano wa timovha

parking

phaki ya timovha

gare

xitichi xa xitimela

rails

mintila

train

xitimela

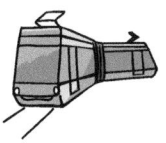

tramway

banzi leri fambaka
exiporweni

wagon

kalichi

hélicoptère

xihaha-mpfuka-phatsa

aéroport

rivala ra siwhaha-mpfuka

tour

xihondzo

passager

mukhandziyi

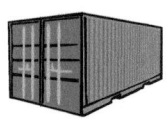

conteneur

bokisi

carton

bokisi

chariot

kalichi

corbeille

xirhundzi

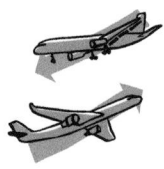

décoller / atterrir

suka / tshama

ville

doroba

village

muti

centre-ville

nkava wa doroba

maison

yindlu

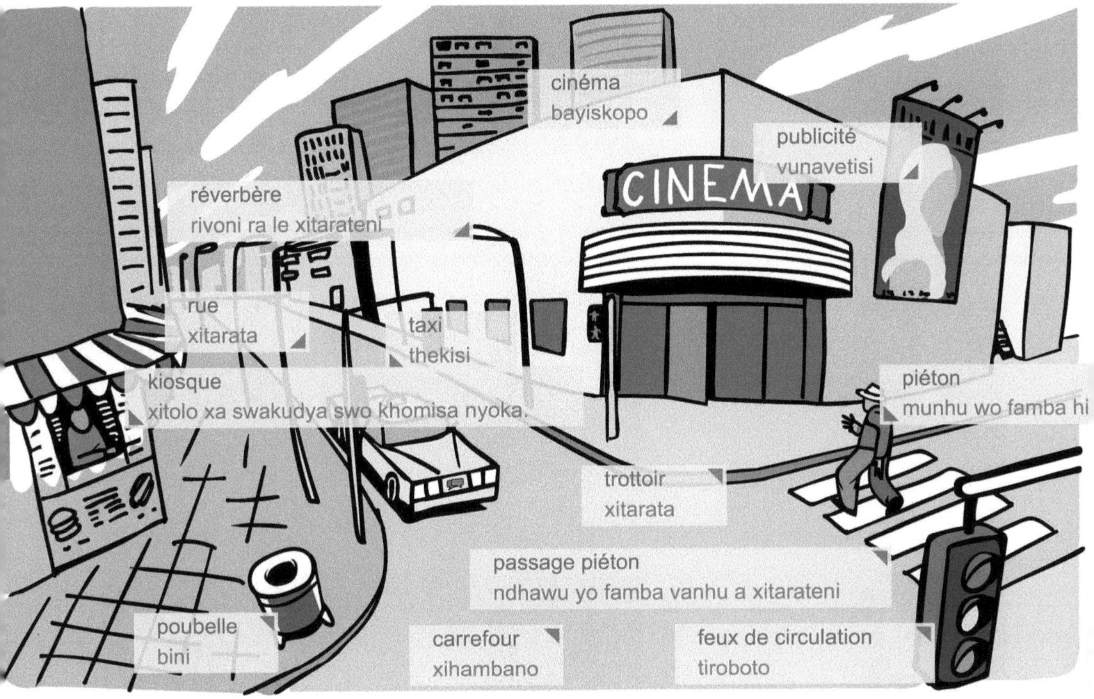

cinéma
bayiskopo
CINEMA
publicité
vunavetisi
réverbère
rivoni ra le xitarateni
rue
xitarata
taxi
thekisi
kiosque
xitolo xa swakudya swo khomisa nyoka.
piéton
munhu wo famba hi
trottoir
xitarata
passage piéton
ndhawu yo famba vanhu a xitarateni
poubelle
bini
carrefour
xihambano
feux de circulation
tiroboto

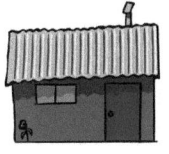

cabane

xiyindlwana xa byanyi

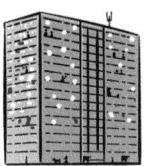

appartement

yindlu

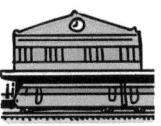

gare

xitichi xa xitimela

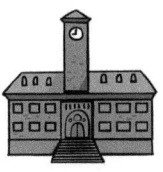

mairie

holo ya vanhu

MUSEUM

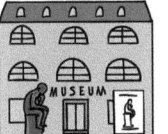

musée

muziyamu

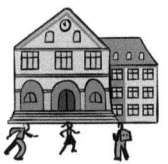

école

xikolo

université
univhesiti

banque
bangi

hôpital
xibedlhele

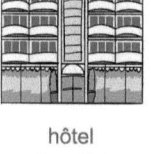

hôtel
hotele

pharmacie
xitolo xa miri

bureau
hofisi

librairie
xitolo xa tibuku

magasin
xitolo

fleuriste
xitolo xa swiluva

supermarché
xitolo le xikulu swinene

marché
makete

grand magasin
xitolo le xikulu

poissonnerie
xitolo xa tinhlampfi.

centre commercial
ndhawu ya switolo

port
hlaluko

parc
phaka

banque
bence

pont
buloho

escaliers
switepisi

métro
ehansi ka misava

tunnel
muhocho

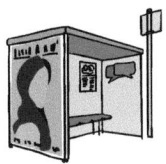

arrêt de bus
xitichi xa tibanzi

bar
barha

restaurant
rhesiturente

boîte à lettres
bokisi ra poso

panneau indicateur
mfungho wa xitarata

parcmètre
muchini wa mali ya ku
phaka

zoo
ntanga wa swiharhi

piscine
damu ro xambela

mosquée
mosque

ferme
purasi

pollution
nthyakiso

cimetière
masirha

église
kereke

aire de jeux
rivala ra mintlangu

temple
tempele

paysage
ndhawu

feuille
tluka

panneau indicateur
mfungho wa gondzo

chemin
ndlela

pré
byanyi byo tala

pierre
ribye

randonneur
munhu wo khandziya tintshava

arbre
murhi

rivière
nambu

herbe
byanyi

fleur
xiluva

vallée
nkova

montagne
xitsunga

lac
tiva

forêt
khwati

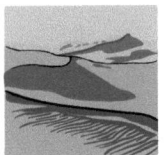

désert
mananga

volcan
volkheno

château
ntsinda

arc-en-ciel
nkwangulatilo

champignon
swikowa

palmier
murhi wa nchindzu

moustique
nsuna

mouche
haha

fourmis
vusokoti

abeille
nyoxi

araignée
puma

coléoptère
xifufunhunu

grenouille
chele

écureuil
maxindyana

hérisson
nhloni

lièvre
mfundla

chouette
xikhova

oiseau
xinyenyane

cygne
sekwa

sanglier
ngluve ya nhova

cerf
mhunti

élan
mhofu

barrage
damu

éolienne
xipelupelu xa moya

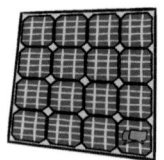

panneau solaire
bodo leyi tswongaka kuhisa
ka dyambu

climat
maxelo

restaurant
rhesiturente

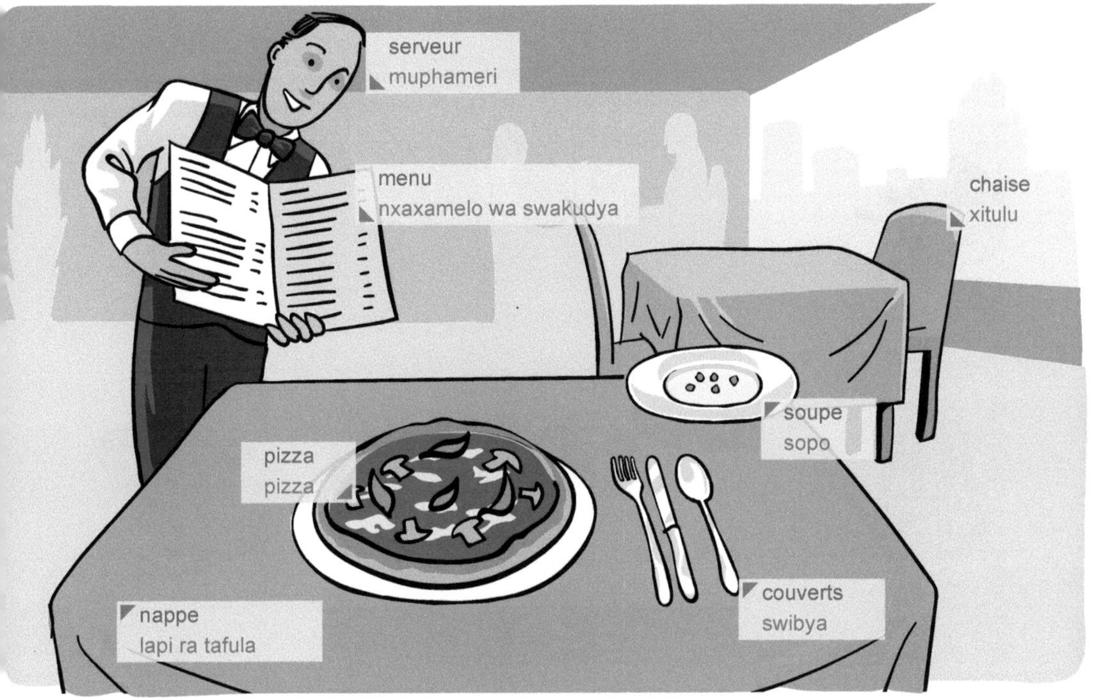
serveur
muphameri
menu
nxaxamelo wa swakudya
chaise
xitulu
soupe
sopo
pizza
pizza
nappe
lapi ra tafula
couverts
swibya

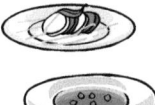

hors d'œuvre

swakudya swa ku naveta

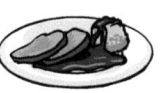

plat principal

swakudya

dessert

swo rhelerisa

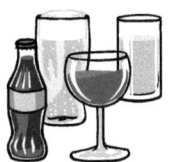

boissons

swakunwa

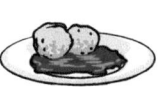

alimentation

swakudya

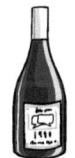

bouteille

bodlhela

fast-food

swakudya swa xihatla

plats à emporter

swakudya swa le ndleleni

théière

mbita ya tiya

sucrier

xibye xa chukela

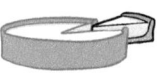

portion

xiphemu

machine à expresso

muchini wa espresso

chaise haute

xitulu xa le henhla

facture

swikweleti

plateau

thireyi

couteau

mukwana

fourchette

foroko

cuillère

lepula

cuillère à thé

xilepulana

serviette

phepha ro sula nomu

verre

nghilazi

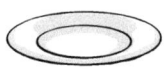

assiette
pleti

assiette à soupe
pleti ya sopo

soucoupe
sosara

sauce
murhu

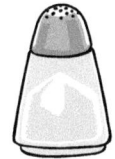

salière
xilo xo chele munyu

moulin à poivre
xilo xo gaya

vinaigre
vhiniga

huile
mafurha

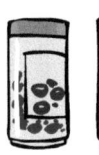

épices
swinyunyeteri

ketchup
ketchup

moutarde
mustard

mayonnaise
mayonasi

supermarché

xitolo le xikulu swinene

offre promotionnelle
nyiko yo hlawuleka
FOR
client
muxavi
produits laitiers
ntsamba
fruits
mihandzu
chariot
xikocikara

BUTCHERS

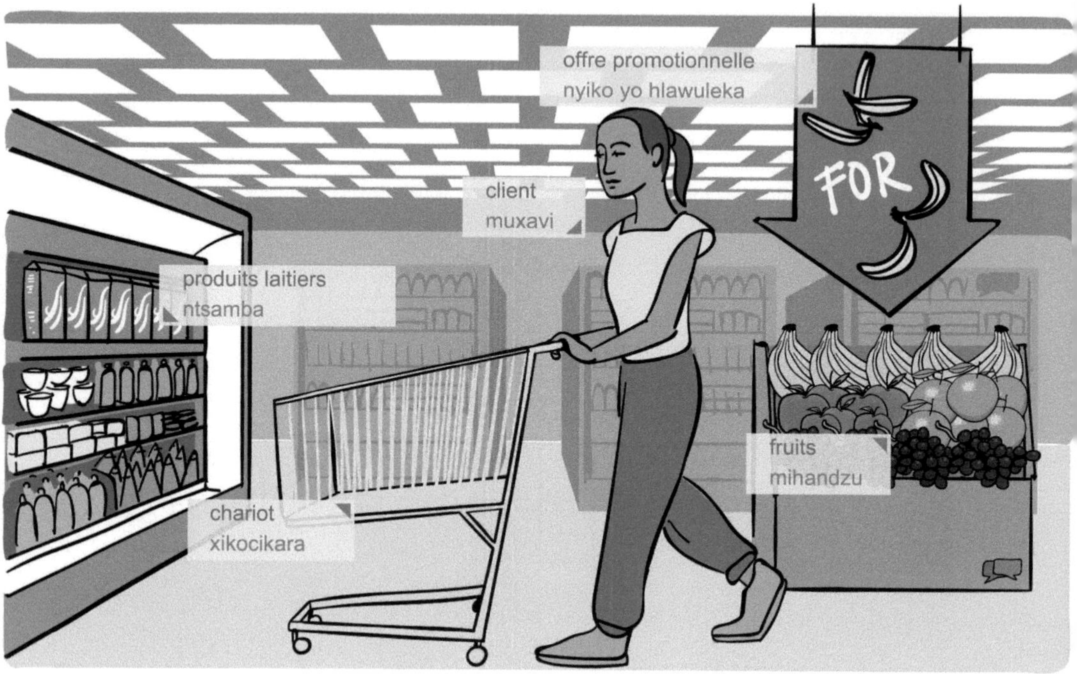

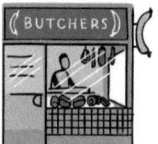

boucherie

buchara

BAKERY

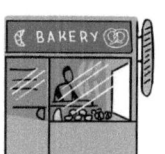

boulangerie

bekari

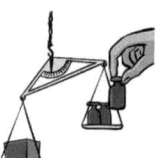

peser

ringanyeta

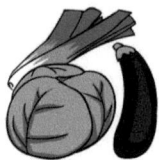

légumes

swimila

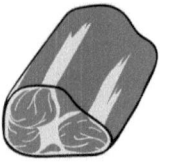

viande

nyama

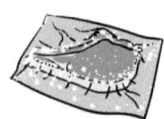

aliments surgelés

swakudya swo titimela

charcuterie
nyama

conserves
swakudya leswi nga thinini

poudre à lessive
mapa yo hlanswa

bonbons
malekere

articles ménagers
switirhisiwa swa le ndlwini

détergents
swilo swo basisa

vendeuse
munhu wo xavisa

caisse
thili

caissier
muamukeli wa timali

liste d'achats
nxaxamelo wa swo xaviwa

heures d'ouverture
nkarhi wa ku tirha

portefeuille
nkwama wa mali

carte de crédit
khadi ra xikweleti

sac
nkwama

sac en plastique
nkwama wa pulasitiki

eau

mati

jus de fruit

ntsutsu

lait

meleke

coca

coke

vin

vhinyo

bière

byalwa

alcool

byala

chocolat chaud

cocoa

thé

tiya

café

kofi

expresso

espresso

cappuccino

cappuccino

banane

banana

pomme

apula

orange

lamula

melon

kalabatla

citron

swiri

carotte

kherotsi

ail

swinyalana

bambou

musengele

oignon

nyala

champignon

swikowa

noisettes

timanga

pâtes

makaroni ya nyama

spaghetti

spaghetti

riz

rhayisi

salade

saladi

pommes frites

machipisi

pommes de terre rôties

nhlata wo katingiwa

pizza

pizza

hamburger

hamburger

sandwich

xinkwa

escalope

cutlet

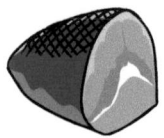

jambon

ham

salami

salami

saucisse

soseji

poulet

huku

rôti

katinga

poisson

hlampfi

flocons d'avoine
oats

muesli
muesli

cornflakes
rivele-ndzoho

farine
filawa

croissant
bantsi

petits-pains
xinkwa

pain
xinkwa

pain grillé
xinkwa xo oxiwa

biscuits
makokisi

beurre
botere

le fromage blanc
ribomba ra tswamba

gâteau
khekhe

œuf
tandza

œuf au plat
matandza lama katingiweke

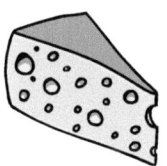

fromage
chizi

glace

ayisi khrimi

sucre

chukela

miel

vulombe

confiture

jamu

crème nougat

botere ya chokoleti

curry

curry

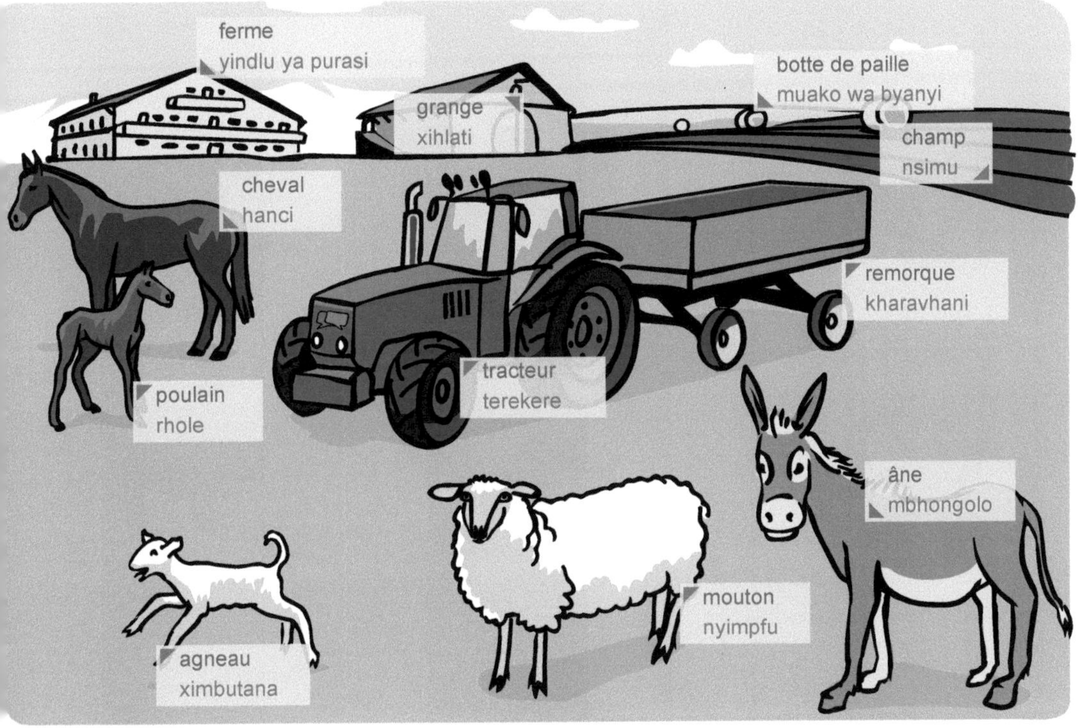

ferme
yindlu ya purasi

botte de paille
muako wa byanyi

grange
xihlati

champ
nsimu

cheval
hanci

remorque
kharavhani

poulain
rhole

tracteur
terekere

âne
mbhongolo

mouton
nyimpfu

agneau
ximbutana

chèvre

mhunti

vache

homu

veau

rhole

porc

nguluve

porcelet

xingulubyana

taureau

nkuzi

oie

sekwa

canard

sweka

poussin

xikukwana

poule

mbhaha

coq

nkuku

rat

kondlo

chat

ximanga

souris

kondlo

bœuf

homu

chien

mbyana

chenil

yindlu ya mbyana

tuyau de jardin

payipi ya mati

arrosoir

xilo xo chelela mati

faucheuse

nsimbi yo tsema

charrue

xikomu

faucille
sikele

pioche
xikomu

fourche
foroko le yikulu

hache
xihloka

brouette
bara

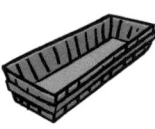

cuve
xitsengele

pot à lait
xilo xo chela ntswamba

sac
saka

clôture
rirhangu

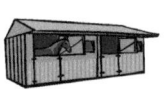

étable
xivala

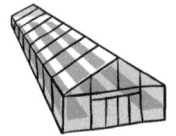

serre
yindlu ya vuhlayiselo bya
swimilana

sol
misava

semences
mbewu

engrais
swinonisi

moissonneuse-batteuse
muchini wa ku tshovela

récolter

tshovela

récolte

ntshovelo

igname

mintsumbula

blé

koroni

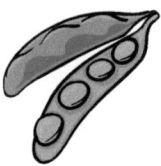

soja

tinyawa

pomme de terre

nhlata

maïs

koroni

colza

rapeseed

arbre fruitier

nsinya wa mihandzu

manioc

ntsumbula

céréales

swakudya swa tidzoho

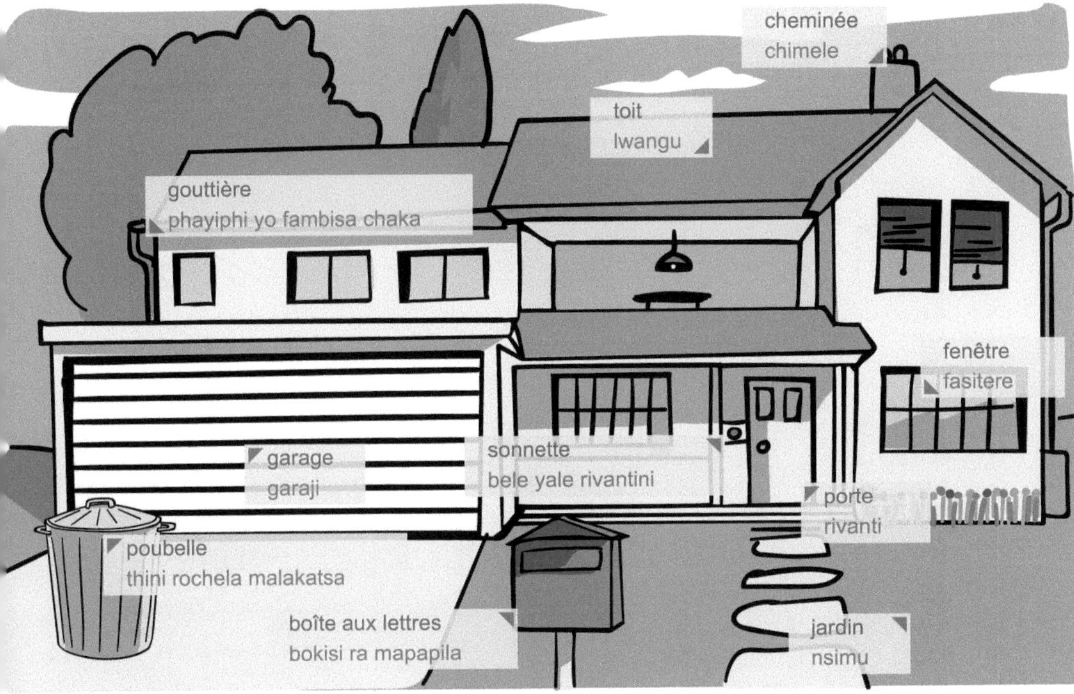

cheminée
chimele

toit
lwangu

gouttière
phayiphi yo fambisa chaka

fenêtre
fasitere

garage
garaji

sonnette
bele yale rivantini

porte
rivanti

poubelle
thini rochela malakatsa

boîte aux lettres
bokisi ra mapapila

jardin
nsimu

salon
kamara ro tshama

salle de bain
kamara yo hlambela

cuisine
khishini

chambre à coucher
kamera ro etlela

chambre d'enfant
kamana ya vana

salle à manger
ndhawu yo dyela

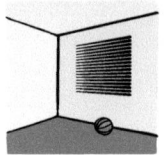

sol

ehansi

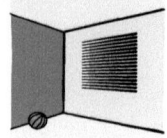

mur

khumbi

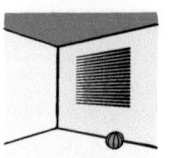

plafond

silingi

cave

kamera ra le hansi

sauna

phungula

balcon

rikupakupa

terrasse

tshala

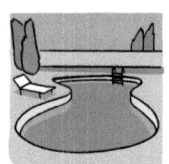

piscine

damu

tondeuse à gazon

muchini wo tsema byanyi

housse

nkumba

couette

swo andlalela mubedo

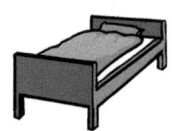

lit

mubedo

balai

nkukulu

sceau

bakiti

interrupteur

swichi

salon

kamara ro tshama

papier peint
phepha ra le khumbini
image
xifaniso
lampe
rivoni
étagère
xelufu
armoire
khabodo
télé
thelevhixini
cheminée
xitiko
fleur
xiluva
coussin
xikhengele
sofa
sofa
vase
mbita
télécommande
xilawula-kule

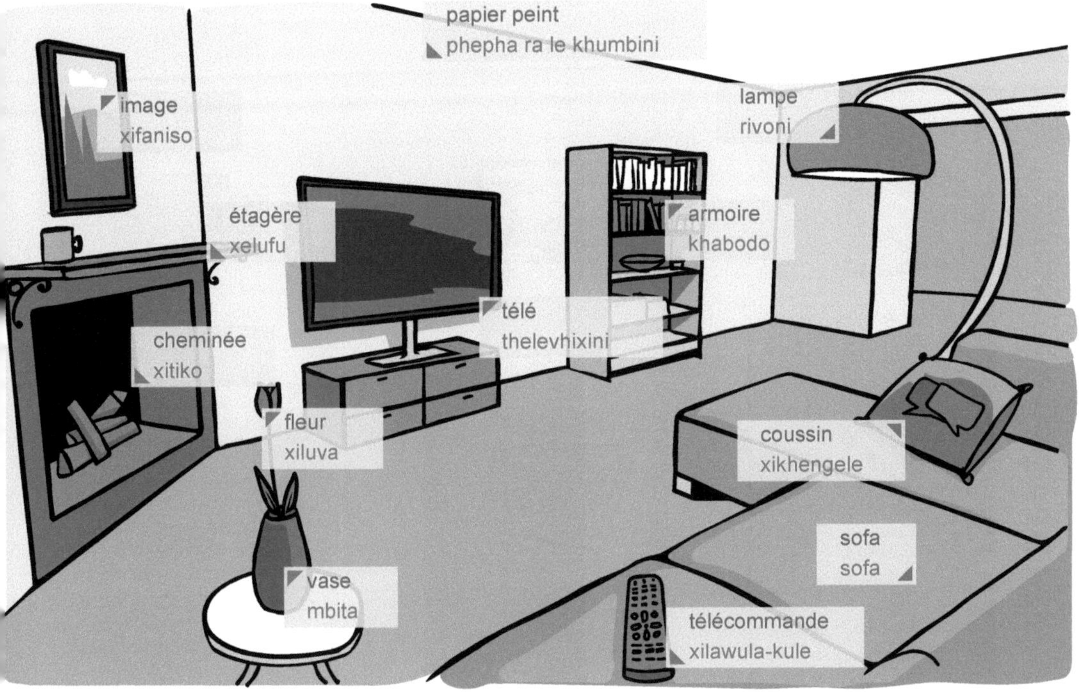

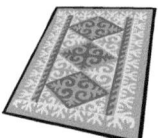

tapis
khapete

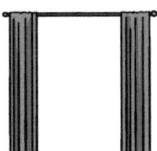

rideau
khethenisi

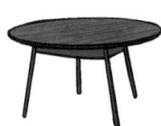

table
tafula

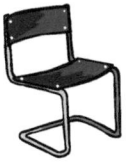

chaise
xitulu

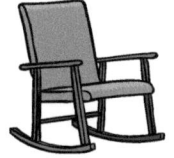

chaise à bascule
xitulu xo mbuwetela

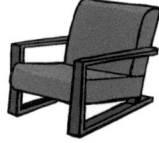

fauteuil
xitulu xo tlhandleka mavoko

livre

buku

couverture

nkumba

décoration

nkhaviso

bois de chauffage

tihunyi

film

filimi

chaîne hi-fi

muchini wa hi-fi

clé

xinotlelo

journal

phepha-hungu

peinture

xifaniso lexi vatliweke

poster

bodo ya xifaniso

radio

xiya-ni-moya

bloc-notes

buku yo tsala tinhla

aspirateur

hoover

cactus

xiluva xa cactus

bougie

khandlela

salon - kamara ro tshama

cuisine
khishini

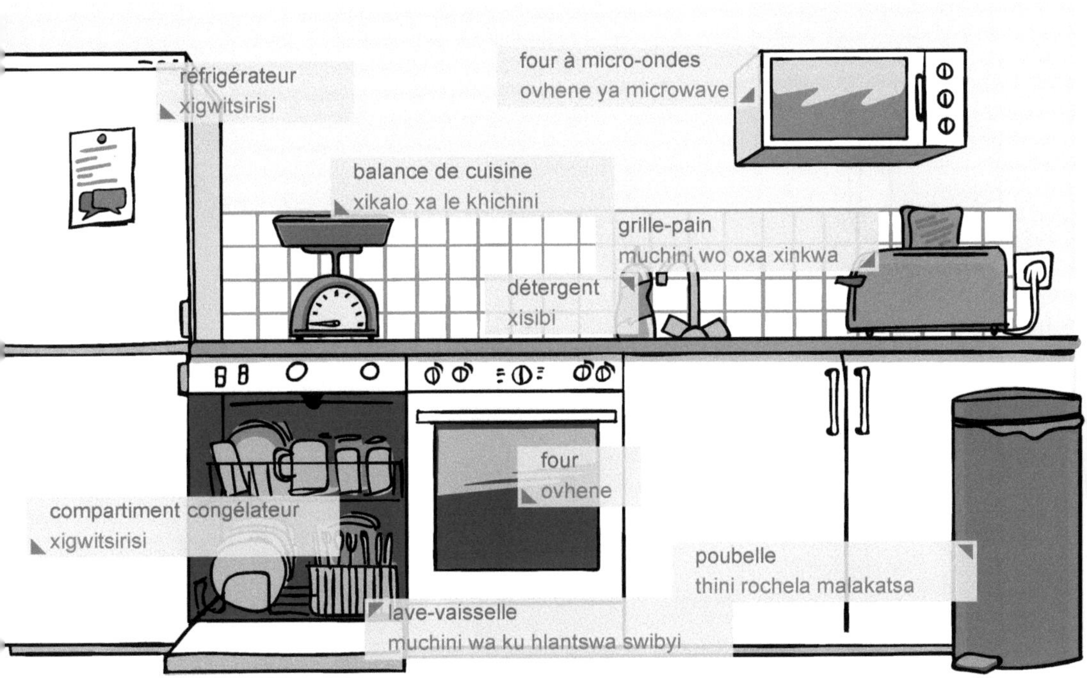

four à micro-ondes
ovhene ya microwave
réfrigérateur
xigwitsirisi
balance de cuisine
xikalo xa le khichini
grille-pain
muchini wo oxa xinkwa
détergent
xisibi
four
ovhene
compartiment congélateur
xigwitsirisi
poubelle
thini rochela malakatsa
lave-vaisselle
muchini wa ku hlantswa swibyi

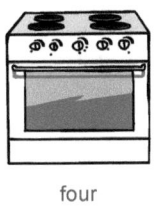

four

mosweki

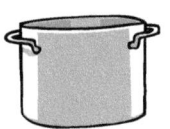

casserole

poto

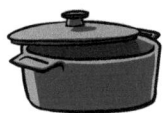

marmite

poto ra nsimbi

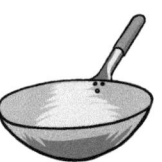

wok / kadai

mbita yo swekela / kadai

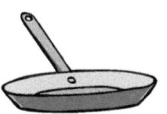

poêle

pani

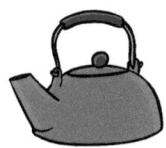

bouilloire electrique

ketlele

cuiseur vapeur

xo sweka hi nkahelo

plaque de cuisson

thireyi ya ku baka

vaisselle

swibya

gobelet

xikomichana

coupe

ximbitana

baguettes

ti-chopstick

louche

xipunu

spatule

spatula

fouet

muchini wo hlanganisa

passoire

sefo

tamis

xisefo

râpe

xilo xo tsemelela

mortier

xibye

barbecue

nyama yo oshiwa

cheminée

ndzilo

cuisine - khishini

planche à découper

bodo ya ku tsemelela

rouleau à pâtisserie

mhandzi yo andlala fulawa

tire-bouchon

xo pfula mabodlhela

boîte

thini

ouvre-boîte

xo pfula mathini

maniques

xo khoma poto

lavabo

zinki

brosse

buracha

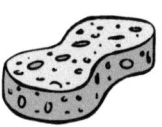

éponge

xiponci

mixeur

xilo lexi hlanganiselaka

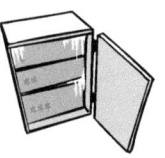

congélateur

xigwitsirisi

biberon

bodlhela ra n'wana

robinet

pompi

salle de bain
kamara yo hlambela

douche
shawara
chauffage
kukufumeta
serviette
thawula
rideau de douche
khethenisi ra shawara
bain moussant
xisibi xo hlambela a bavhini
baignoire
bavhu
verre
nghilazi
machine à laver
muchini wa ku hlantswa
robinet
pompi
carrelage
tithayilisi
pot
xihambukelo
lavabo
zinki

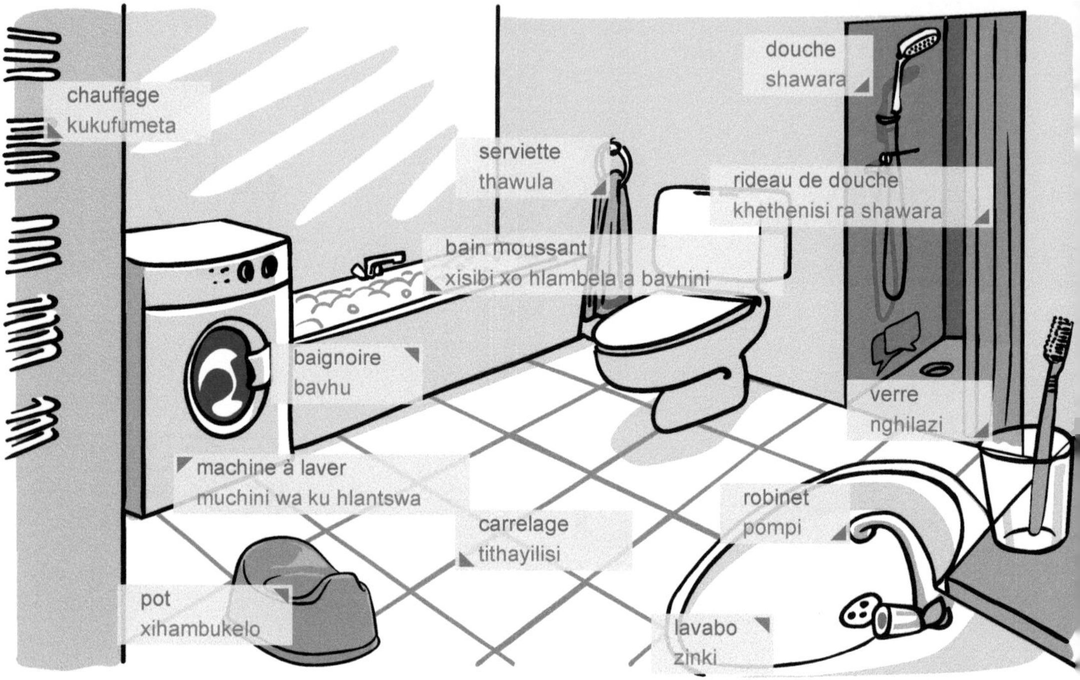

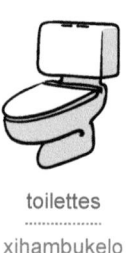

toilettes

xihambukelo

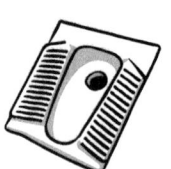

toilette à la turque

xihambukelo

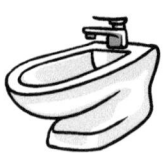

bidet

bidet

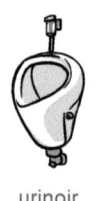

urinoir

ndhawu yo tsakamisela

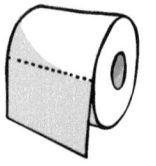

papier toilette

papila ra xihambukelo

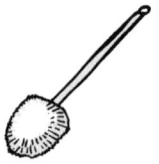

brosse à toilette

burachi bya xihambukelo

brosse à dents

burachi bya meno

dentifrice

xisibi xa meno

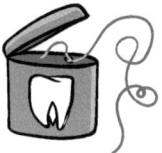

fil dentaire

xo basisa exikarhi ka meno

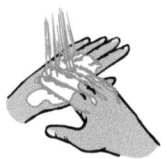

laver

hlamba

douche manuelle

xawara yo khomiwa hivoko

douche intime

douche

vasque

xihlambelo

brosse dorsale

buracha ra nhlana

savon

xisibi

gel douche

xisibi xa xawara

shampooing

shampoo

gant de toilette

swilapana

écoulement

xinambyana

crème

rivomba

déodorant

xinhuherisi

miroir

xivoni

miroir cosmétique

xivoni xo khomiwa hivoko

rasoir

rikarhi

mousse à raser

xisibi so susa malevu

après-rasage

mafurha ya kutola loku u
heta ku tsemeta malevu

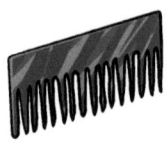

peigne

kama

brosse

buracha

sèche-cheveux

muchini wo omisa mosisi

laque pour cheveux

mafurha yo tola mosisi

fond de teint

xo tisasekisa

rouge à lèvres

xotota nomo

vernis à ongles

xo tota minwala

ouate

kotoni

coupe-ongles

xo tsema minwala

parfum

xinhuherisi

trousse de toilette

nkwama wa le
xihambukelweni

tabouret

nchuluko

pèse-personne

xikalo

peignoir

nguvu yo hlamba

gants de nettoyage

tiglovhu ta raba

tampon

tampon

serviettes hygiéniques

thawula ra ku basisa

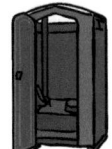

toilette chimique

xihambukelo xa le handle

chambre d'enfant
kamana ya vana

réveil
alamu ya wachi
doudou
xo tlanga sa ku etlela
voiture jouet
movha ya ku tlangisa
hochet
xokocokoco
maison de poupée
yindlu ya swipopana
cadeau
nyiko

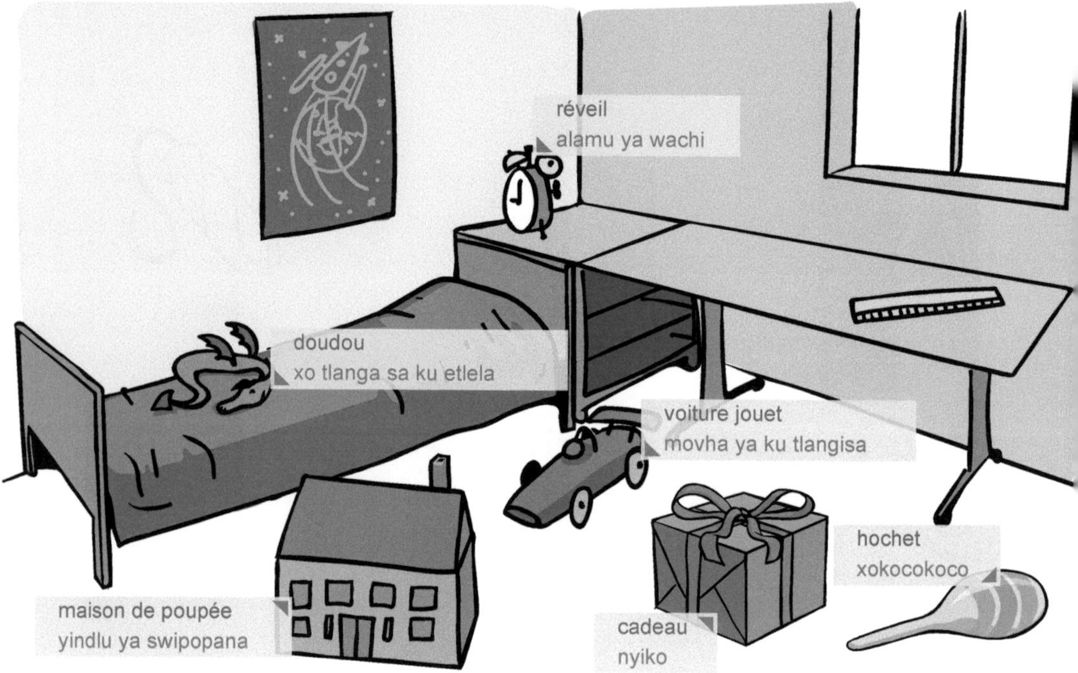

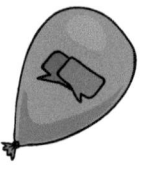

ballon
baluni

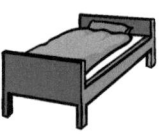

lit
mubedo

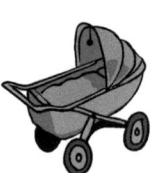

poussette
pureme

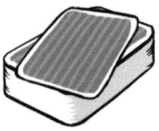

jeu de cartes
makhadi

puzzle
jigsaw

SUPER MEGA

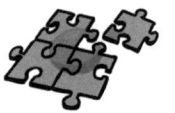

bande dessinée
khomiki

pièces lego
switina swa lego

blocs de construction
swiaki

figurine
xo tlanga xa vana

grenouillère
swiambalo swa nwana

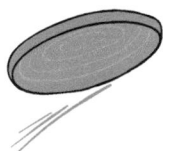

frisbee
Frisbee

mobile
mobile

jeu de société
ntlango wa le bodweni

dé
dayisi

train miniature
xitimela xo tlanga

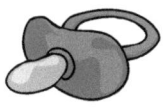

sucette
xo tlangisa vana

fête
nkhuvo

livre d'images
buku ya swifaniso

balle
bolo

poupée
xipopana

jouer
tlanga

bac à sable

khele ra sava

balançoire

muchinginya

jouets

swilo swo tlangisa

console de jeu

mintlango ya vhidiyo

tricycle

xithuthuthu xa mivhilwa
manharhu

ours en peluche

tibere to tlangisa

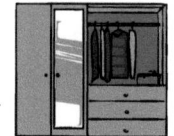

armoire

wadirobo

vêtements
swiambalo

chaussettes

masokisi

bas

masokisi

collant

buruku byo tlimba

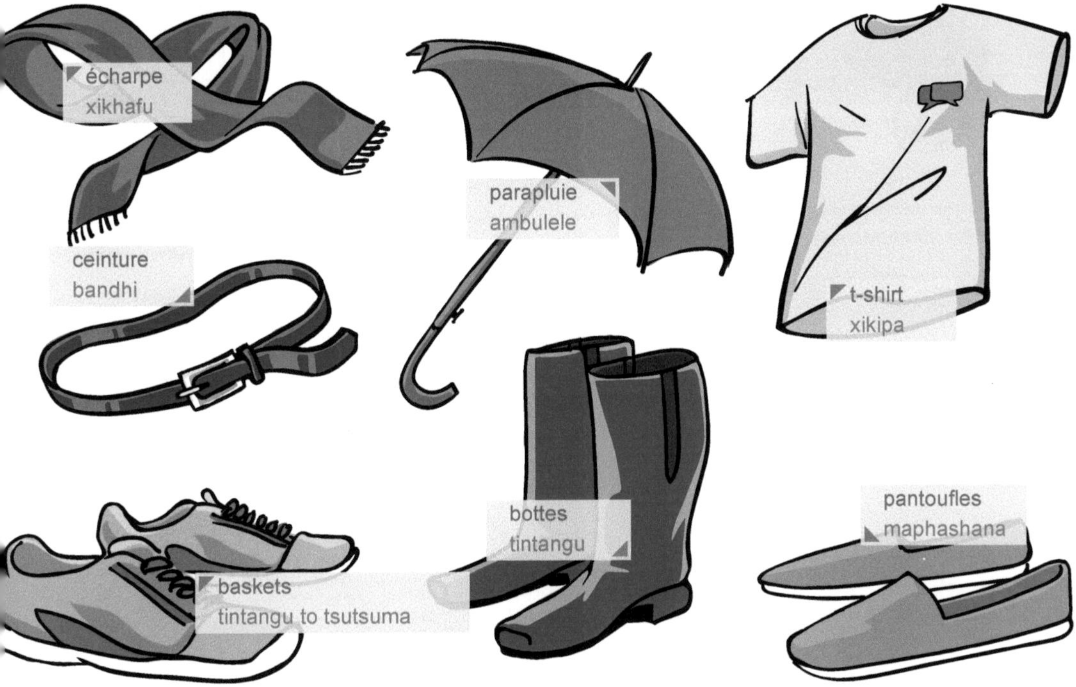

écharpe
xikhafu

parapluie
ambulele

ceinture
bandhi

t-shirt
xikipa

baskets
tintangu to tsutsuma

bottes
tintangu

pantoufles
maphashana

sandales
maphashana

chaussures
tintangu

bottes de caoutchouc
majombo ya raba

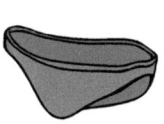

sous-vêtements
maburuko ya le ndzeni

soutien-gorge
bodi

maillot de corps
xikipa xa le ndzeni

body

miri

pantalon

maburuko

jean

bokati

jupe

xiketi

chemisier

bulawusi

chemise

hembe

pull

jesi

sweat à capuche

jazi ro fingeneta nhloko

veste

buleyizara

veste

baji

manteau

nghuvo

imperméable

jazi rampfula

costume

swiambalo

robe

swiambalo

robe de mariée

rhoko ya mucato

vêtements - swiambalo

costume

sudu

chemise de nuit

xiambalo xo etlela

pyjama

swi ambalo swo etlela

sari

sari

foulard

xikhafu

turban

duku

burqa

burqa

caftan

swi ambalo

abaya

abaya

maillot de bain

swiambalo swo hlambela

maillot de bain

maburuko ya le ndzeni

short

buruku ro koma

tenue d'entraînement

tracksuit

tablier

fasikoti

gants

maglilavhu

bouton
kunupu

lunettes
manghilazi ya mahlo

bracelet
sindza

collier
vuhlalu

bague
xingwaxila

boucle d'oreille
vo sasekisa tindleve

bonnet
kepisi

cintre
hangara ya nghuvo

chapeau
xigqoko

cravate
thayi

fermeture éclair
zipi

casque
xihuku

bretelles
minxongotelo

uniforme scolaire
swiambalo swa xikolo

uniforme
yunifomo

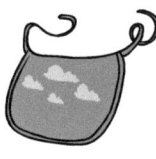

bavoir

bibi

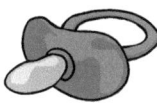

sucette

xo tlangisa vana

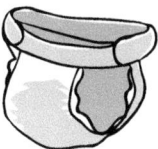

lange

leyiri

bureau
hofisi

serveur
server
armoire d'archivage
khabodo yo beka tifayili
imprimante
muchini wa ku kandziyisa
papier
papila
écran
xikirini
souris
mouse
bureau
tafola
classeur
xilo xo veka swiphephana
clavier
keyboard
corbeille à papier
xikotela xo lahla maphepha
ordinateur
khompyuta
chaise
xitulo

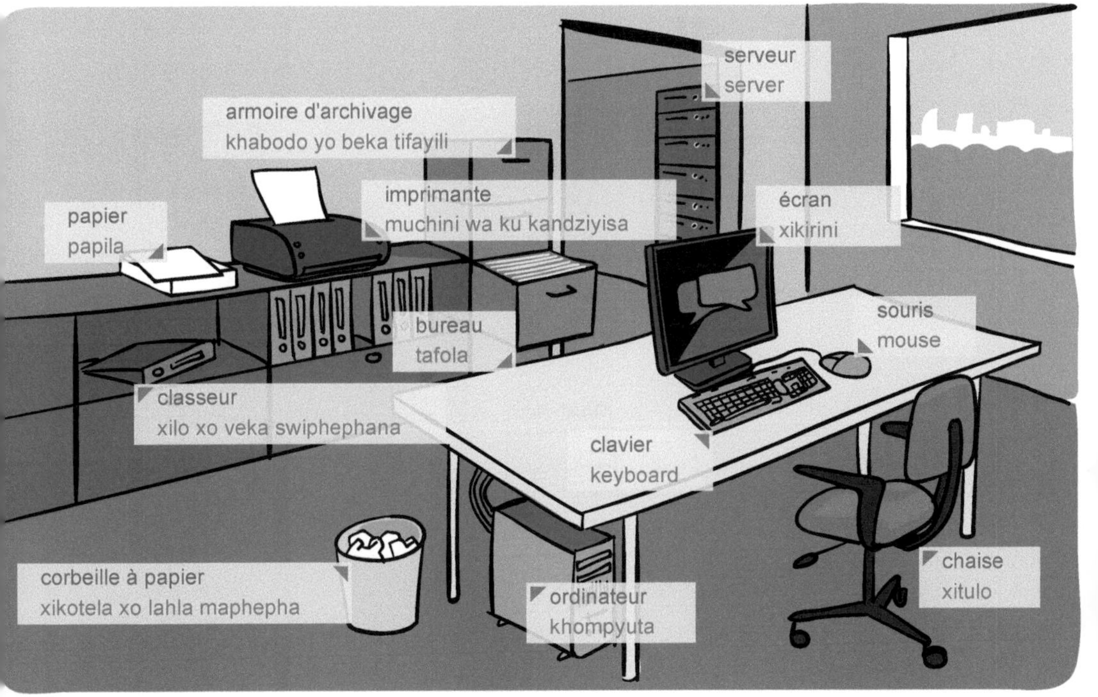

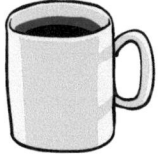

tasse de café

bikiri ra kofi

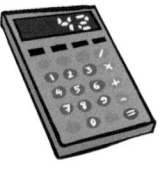

calculatrice

muchini wo hlaya

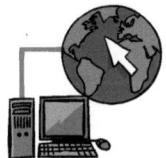

internet

internet

ordinateur portable

laptop

lettre

papila

message

rungula

portable

foni

réseau

network

photocopieuse

muchini wo endla tikopi

logiciel

progreme ya khompyuta

téléphone

riqingho

prise

pulagi ya gezi

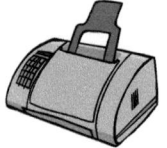

fax

muchini wo rhumela rungula

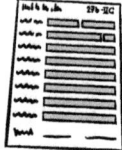

formulaire

fomo

document

papila

acheter

xava

payer

hakela

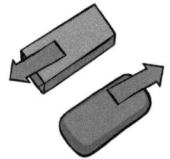

faire du commerce

xavisa

monnaie

mali

dollar

dolara

euro

euro

yen

yen

rouble

rouble

franc suisse

Swiss franc

renminbi yuan

renminb yuan

roupie

rupee

distributeur automatique

muchini wa mali

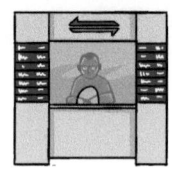

bureau de change

ndhawu yo cinca mali

or

nsuku

argent

silivhere

pétrole

mafurha

énergie

matimba

prix

hakelo

contrat

ntwanano

taxe

xibalo

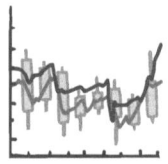

action

nundzu ya timali

travailler

tirha

employé

mutirhi

employeur

mothorhi

usine

fektri

magasin

xitolo

professions
mintirho

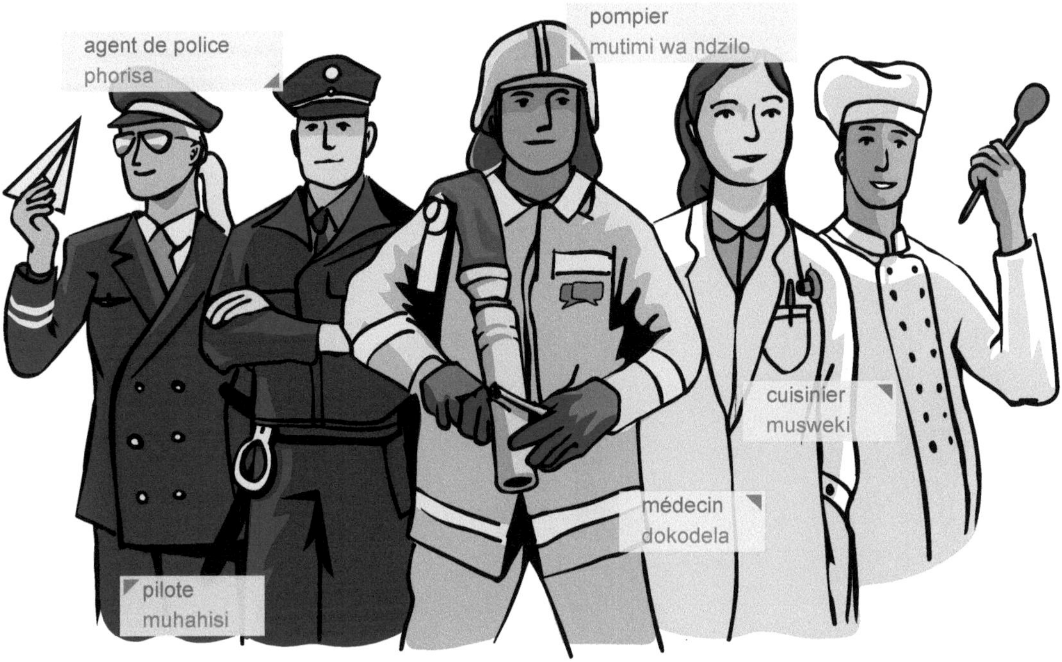
agent de police
phorisa
pompier
mutimi wa ndzilo
cuisinier
musweki
médecin
dokodela
pilote
muhahisi

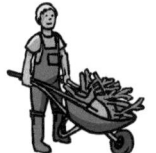

jardinier

muhlayi wa ntanga

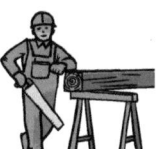

menuisier

muvatli

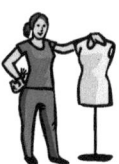

couturière

murungi

juge

muavanyisi

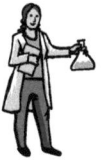

chimiste

xitshunguri

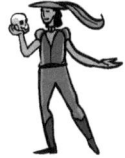

acteur

mutlangi

conducteur de bus

muchaeri wa tibazi

chauffeur de taxi

muchayeri wa thekisi

pêcheur

muphasi wa tinhlampfi

femme de ménage

wansati wa ku basisa

couvreur

mufuleri

serveur

muphameri

chasseur

muhloti

peintre

mupendi

boulanger

mubaki

électricien

mutivi wagezi

ouvrier

muaki

ingénieur

munjiniyara

boucher

muxavisi wa nyama

plombier

muplambara

facteur

muheleketi wa poso

soldat

socha

architecte

mumpfampfarhuti

caissier

muamukeli wa timali

fleuriste

muxavisi wa swiluva

coiffeur

mululamisi wa misisi

contrôleur

mufambisi

mécanicien

munhu wo lungisa timovha

capitaine

mulawuri

dentiste

dokotela wa matinho

scientifique

mutivi wa sayensi

rabbin

mufundisi

imam

murhangeri

moine

nghwendza

prêtre

mfundisi

outils

switirhisiwa

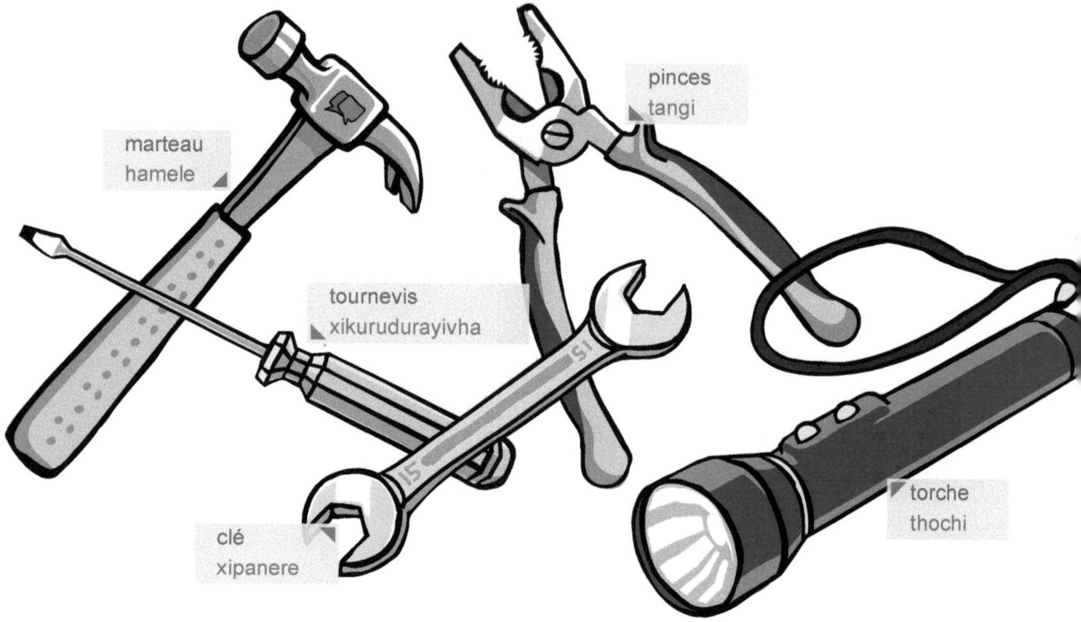

marteau
hamele
pinces
tangi
tournevis
xikurudurayivha
clé
xipanere
torche
thochi

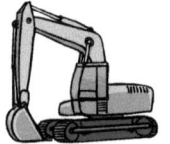

pelleteuse

muchini wo cela

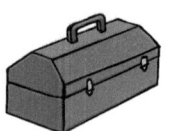

boîte à outils

bokisi ra switirhisiwa

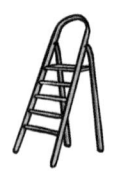

échelle

xitepisi

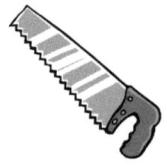

scie

saha

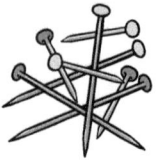

clous

swipikiri

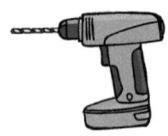

perceuse

muchini wo boxa

réparer

lunghisa

pelle

foxolo

Mince !

Thyaka!

pelle

nchumu wo susa ritshuri

pot de peinture

mbita ya pende

vis

bawuti

instruments de musique
swichayachayana

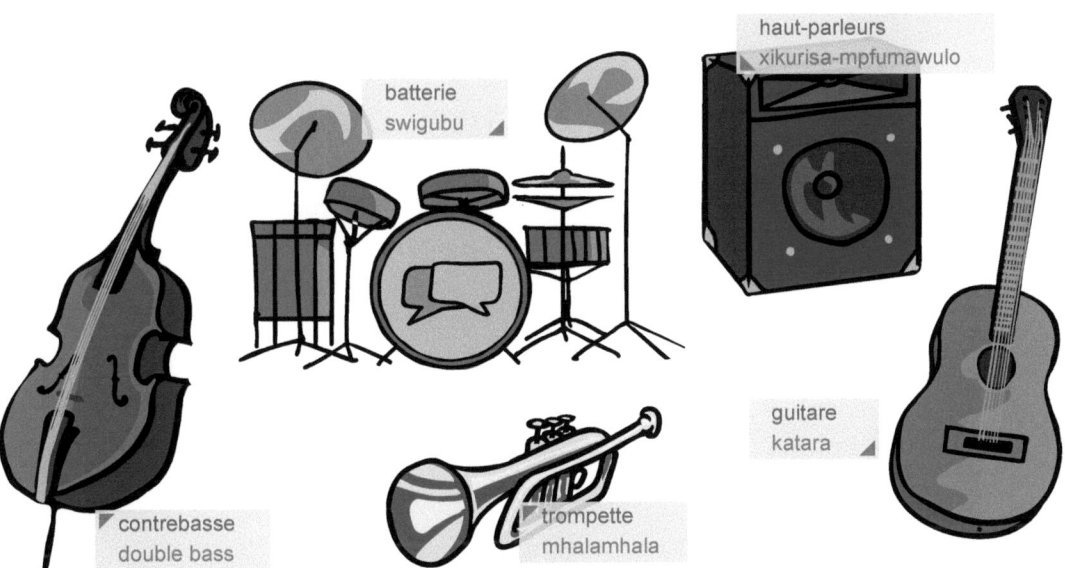

batterie
swigubu

haut-parleurs
xikurisa-mpfumawulo

guitare
katara

contrebasse
double bass

trompette
mhalamhala

piano

piyano

violon

violin

basse

bass

timbales

timpani

tambour

xigubu

piano électrique

keyboard

saxophone

saxophone

flûte

xitiringo

microphone

xikurisa-marito

ntanga wa swiharhi

tigre
yingwe

entrée
ndhawu ya ku nghen

cage
hoko

zèbre
mangwa

alimentation animale
swakudya swa swiharhi

panda
panda

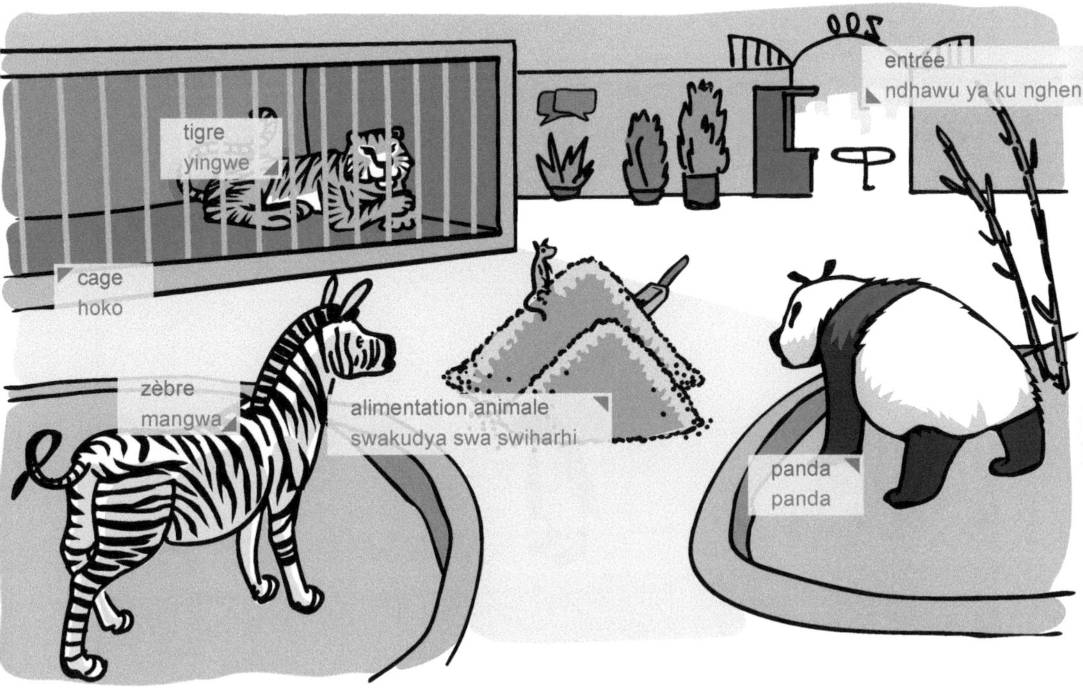

animaux

swiharhi

éléphant

ndlopfu

kangourou

xinjhenghwe

rhinocéros

mhelembe

gorille

gorila

ours

bere

chameau

kamela

autruche

yintsha

lion

nghala

singe

nkawu

flamand rose

flamingo

perroquet

hokwe

ours polaire

bere

pingouin

penguin

requin

shaka

paon

hanti

serpent

nyoka

crocodile

ngwenya

gardien de zoo

muhlayisi wa mintanga ya
swiharhi

phoque

seal

jaguar

jaguar

poney

hanci

léopard

yingwe

hippopotame

mpfuvu

girafe

nhutlwa

aigle

gama

sanglier

ngluve ya nhova

poisson

hlampfi

tortue

mfutsu

morse

nyimpfu ya le lwandle

renard

mhungubye

gazelle

mhala

american Football
bolo ya le Amerika

cyclisme
kufamba hi xi kanyakanya

tennis
tennis

basket-ball
basketball

natation
kuhlambela

boxe
ntlango wa ku bana

hockey sur glace
khororo ya le ayisini

football
bolo

badminton
badminton

athlétisme
mintlango

handball
bolo ya mavoko

ski
kureta e gambokweni

polo
polo

activités
mintirho

rire
hleka
sauter
tlula
embrasser
angara
marcher
famba
chanter
yimbelela
rêver
lora
prier
khongela
faire la bise
ntswontswa

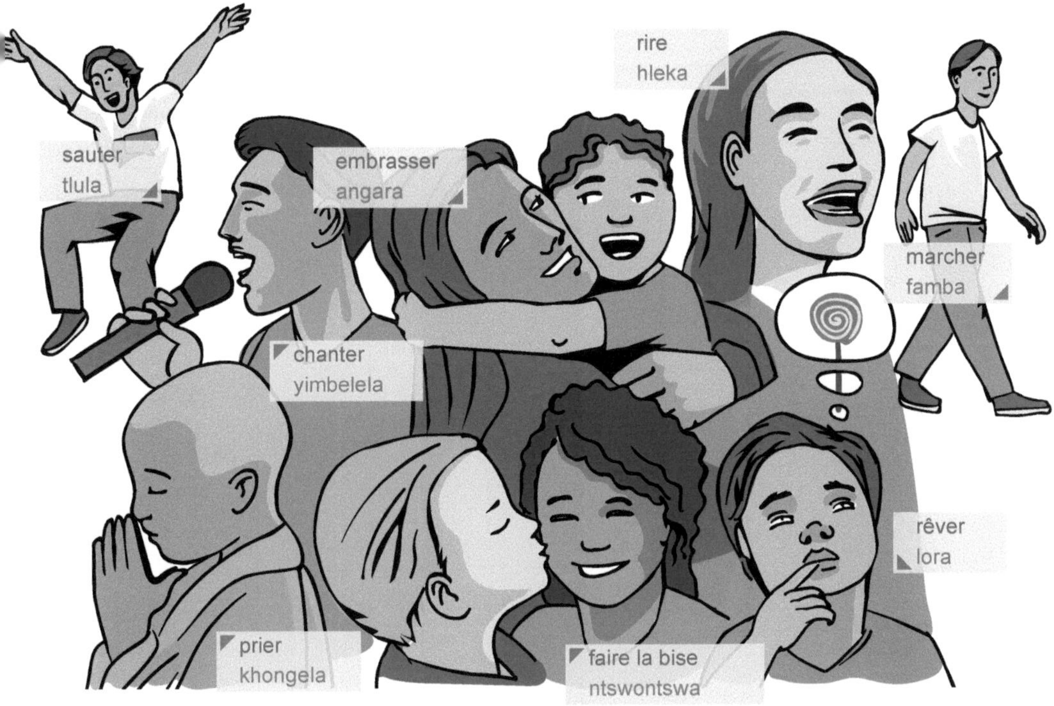

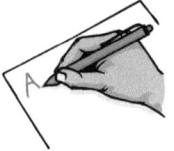

écrire
tsala

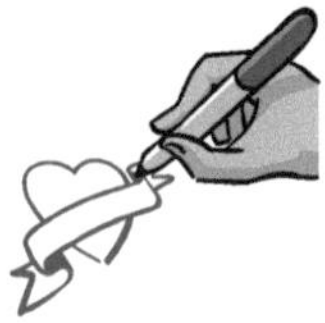

dessiner
dirowa

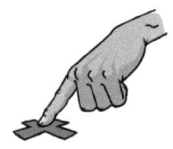

montrer
komba

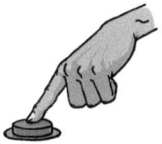

pousser
dlidlimeta

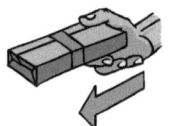

donner
nyika

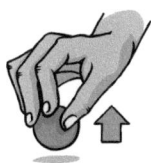

prendre
teka

avoir

yi va

faire

endla

être

ku va

être debout

yima

courir

tsutsuma

trier

koka

jeter

lahlela

tomber

wana

être couché

hemba

attendre

rindza

porter

rhwala

être assis

tshama

s'habiller

ambala

dormir

tlela

se réveiller

pfuka

regarder

languta

pleurer

rila

caresser

bana

peigner

kama

parler

vulavula

comprendre

twisisa

demander

vutisa

écouter

yingisa

boire

nwana

manger

dyana

ranger

basisa

aimer

randza

cuire

sweka

conduire

chayela

voler

haha

faire de la voile

tluta

calculer

hlaya

lire

hlaya

apprendre

hlaya

travailler

tirha

se marier

teka

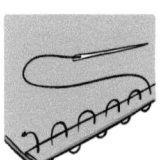

coudre

rhunga

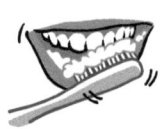

brosser les dents

kuhlamba meno

tuer

dlaya

fumer

dzaha

envoyer

rhumela

famille
ndyanghu

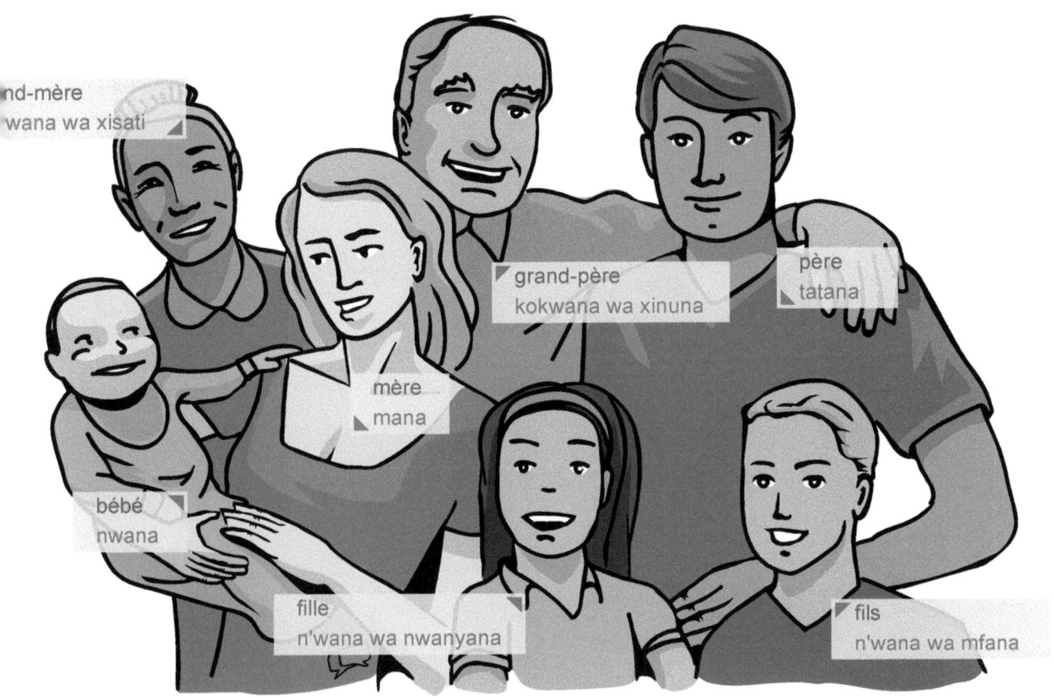
nd-mère
wana wa xisati
grand-père
kokwana wa xinuna
père
tatana
mère
mana
bébé
nwana
fille
n'wana wa nwanyana
fils
n'wana wa mfana

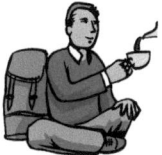

hôte
muendzi

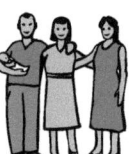

tante
hahani

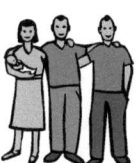

oncle
malume

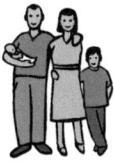

frère
makwerhu

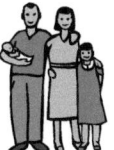

sœur
makwrhu

corps

miri

front
mombo
œil
tihlo
épaule
katla
doigt
ritiho
visage
xikandza
menton
xilebvu
main
voko
jambe
nenge
poitrine
bele
bras
voko

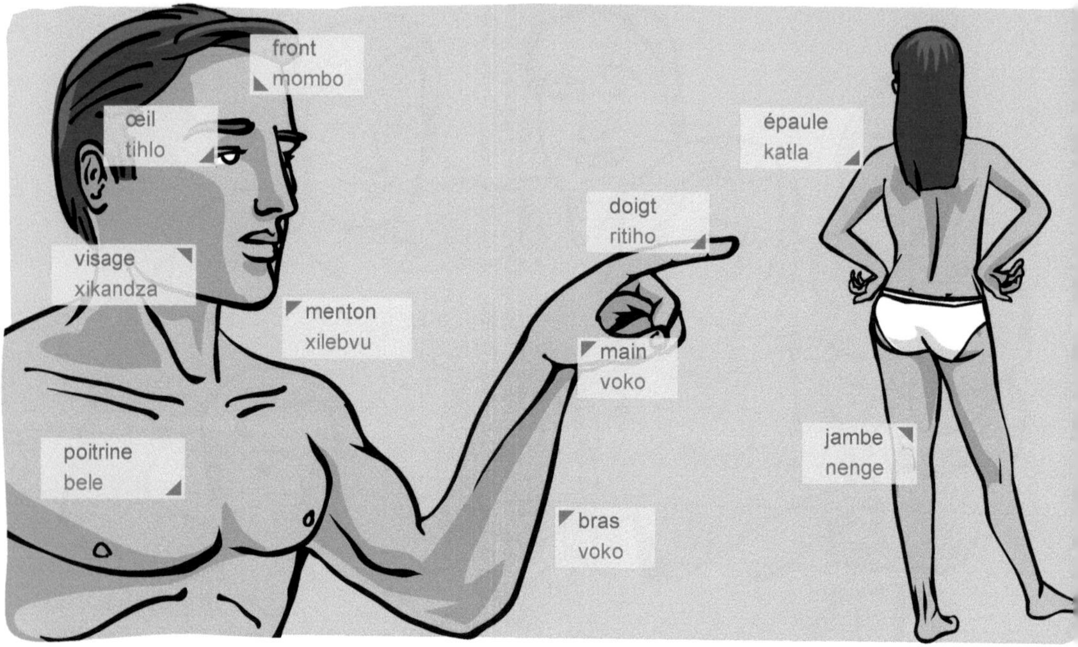

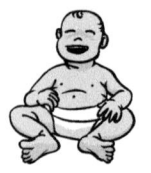

bébé

nwana

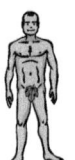

homme

n'wanuna

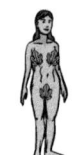

femme

nw'ansati

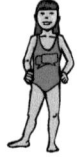

fille

nhwanyana

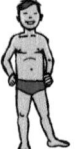

garçon

mfana

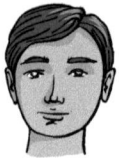

tête

nhloko

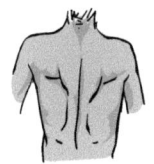

dos

nhlana

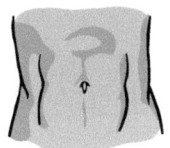

ventre

khwiri

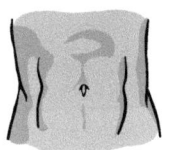

nombril

nkava

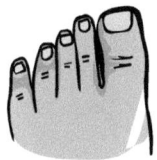

orteil

xikunwani

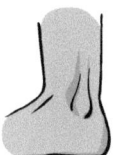

talon

xirhenze

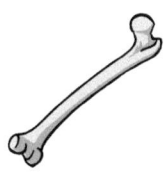

os

rhambu

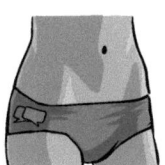

hanche

nyonga

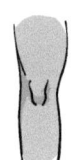

genou

tsolo

coude

xikokola

nez

nompfu

fesses

xisuti

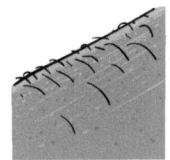

peau

nhlonge

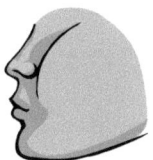

joue

rhama

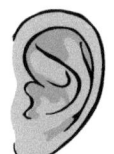

oreille

ndlebe

lèvre

nomu

bouche

nomu

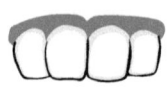

dent

tinyo

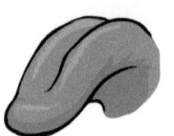

langue

ririmi

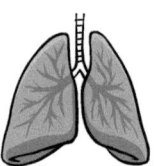

cerveau

byongo

cœur

mbilu

muscle

nsiha

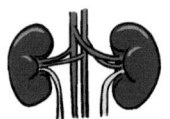

poumons

hahu

foie

vixindzi

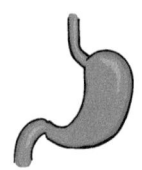

estomac

khwiri

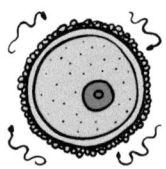

reins

tinso

rapport sexuel

masangu

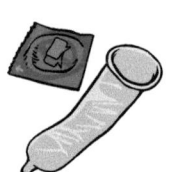

préservatif

khondomu

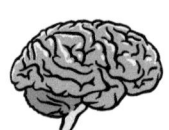

ovule

tandza

sperme

mbewu ya vununa

grossesse

nyimba

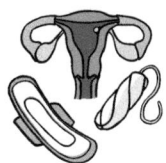

menstruation

kuya enkarhini

vagin

muhocho

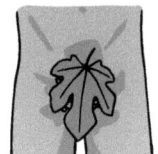

pénis

xiluma

sourcil

tinxiyi

cheveux

misisi

cou

nhamu

hôpital
xibedlhele

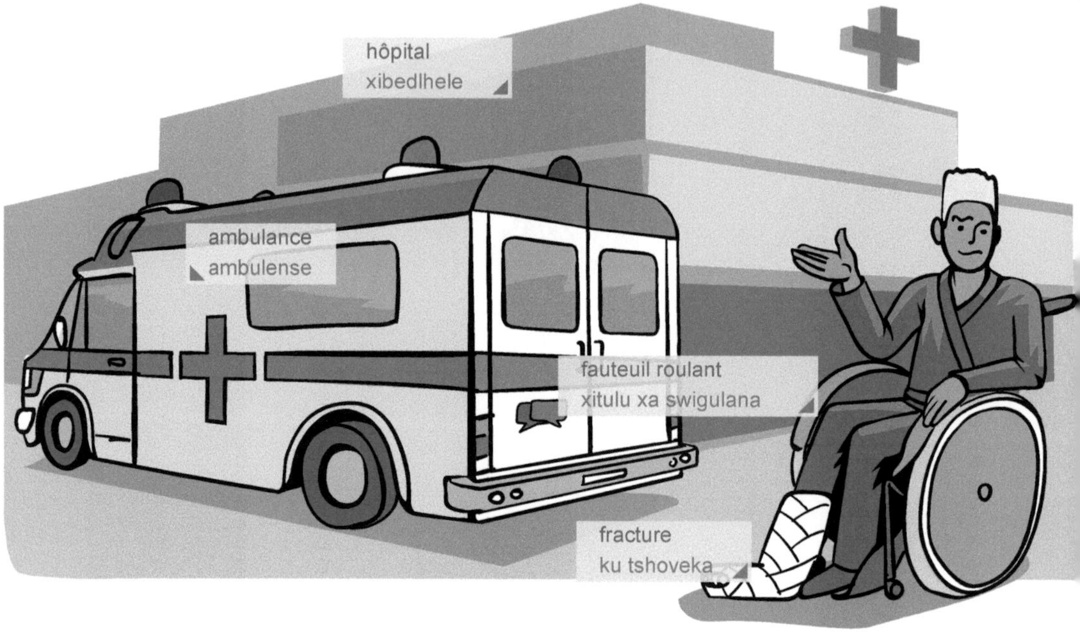

hôpital
xibedlhele
ambulance
ambulense
fauteuil roulant
xitulu xa swigulana
fracture
ku tshoveka

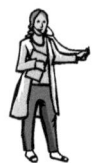

médecin

dokodela

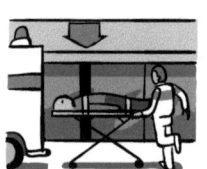

service des urgences

kamara ra xilamulela-mhango

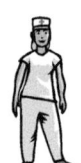

infirmière

muongori

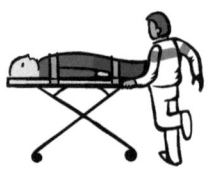

urgence

xihatla

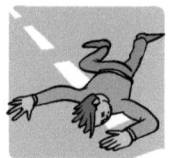

inconscient

ku titivala

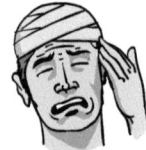

douleur

kuvava

blessure

ku vaviseka

hémorragie

mpfempfa ngati

crise cardiaque

ku hlaseriwa himbilu

attaque cérébrale

ku oma swirho

allergie

rinyenyo

toux

khohlola

fièvre

xifumbu

grippe

mukhuhlwana

diarrhée

nchuluko

mal de tête

ku pandza ka nhloko

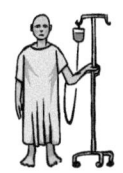

cancer

khensa

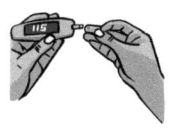

diabète

chukela

chirurgien

dokodela

scalpel

mukwana

opération

vuhandzuri

CT

CT

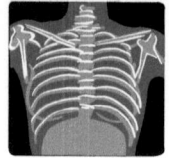

radiographie

x-rheyi

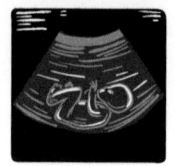

échographie

muchini wo yingisela
ntshuka-ntshuko

masque

xo tipfala tinhomfu

maladie

vuvabyi

salle d'attente

kamara ro rindza

béquille

nhonga

pansement

semendhe

pansement

bandhichi

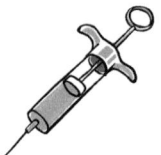

injection

neleta

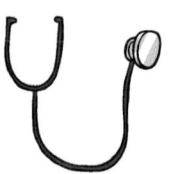

stéthoscope

muchini wa madokodela wa
ku yingisa

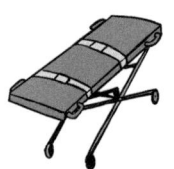

brancard

rihlaka

thermomètre

xipima-mahiselo

accouchement

ku veleka

surcharge pondérale

ku nyuhela

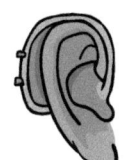

appareil auditif

swipfuneta-ku-twa

désinfectant

khemikhale yo dlaya
switsongwatsongwana

infection

switsongwatsongwana

virus

xitsongwatsongwana

VIH / sida

HIV / AIDS

médicament

miri

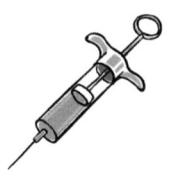

vaccination

nayiti

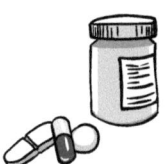

comprimés

maphilisi

pilule

pilisi

appel d'urgence

riqingho ra xihatla

tensiomètre

muchini wo kamba
nsusumeto wa ngati

malade / sain

vabya / hanya

Au secours !

Pfunani!

alarme

bele

assaut

ku hlaseriwa

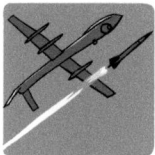

attaque

hlasela

danger

khombo

sortie de secours

nyangwa wo huma loko ku
ri ni mhango

Au feu!

Ndzilo!

extincteur

xo tima ndzilo

accident

mhangu

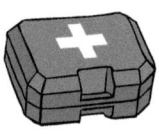

trousse de premier secours

bokisi ra xilamulela-mhango

SOS

SOS

police

phorisa

Europe

Yuropa

Amérique du Nord

Amerika N'walungu

Amérique du Sud

Amerika Dzonga

Afrique

Afrika

Asie

Asia

Australie

Australia

Océan atlantique

Atlantic

Océan pacifique

Pacific

Océan indien

Lwandle-nkulu ra Indiya

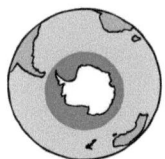

Océan antarctique

Lwandle-nkulu ra Antarctic

Océan arctique

Lwandle-nkulu ra Arctic

pôle nord

North Pole

pôle sud

South Pole

Antarctique

Antarctica

terre

Misava

pays

tiko

mer

lwandle

île

xihlala

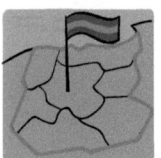

nation

rixaka

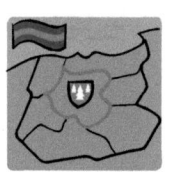

état

tiko

cadran

xikomba nkarhi

aiguille des heures

xikomba-tiawara

aiguille des minutes

xikomba-timineti

aiguille des secondes

xikomba-tisekoni

Quelle heure est-il ?

I nkarhi muni?

jour

siku

temps

nkarhi

maintenant

sweswi

montre digitale

wachi leyi tshavatelaka

minute

minete

heure

awara

semaine

viki

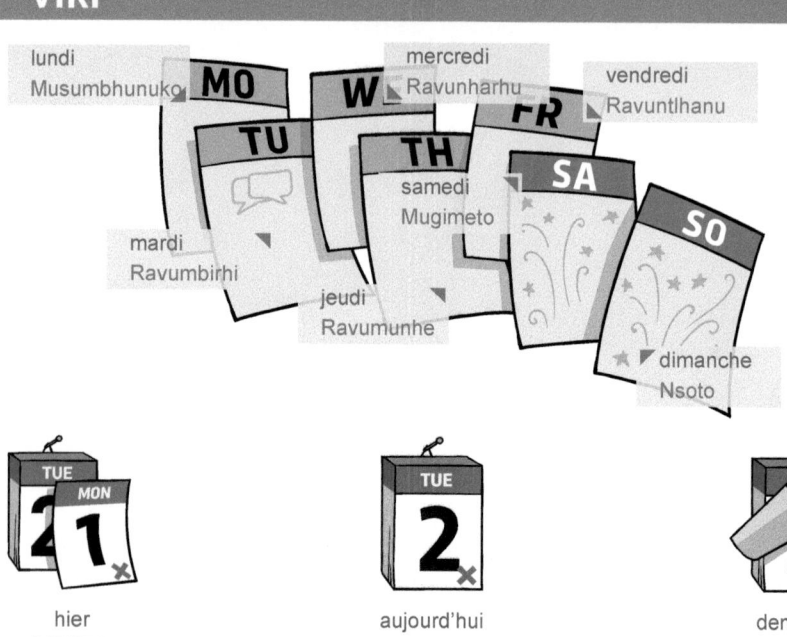

lundi
Musumbhunuko

mardi
Ravumbirhi

mercredi
Ravunharhu

jeudi
Ravumunhe

vendredi
Ravuntlhanu

samedi
Mugimeto

dimanche
Nsoto

hier

tolo

aujourd'hui

namuntlha

demain

mundzuku

matin

mixo

midi

nhlekani

soir

madyambu

jours ouvrables

masiku ya ntirho

week-end

mahelo vhiki

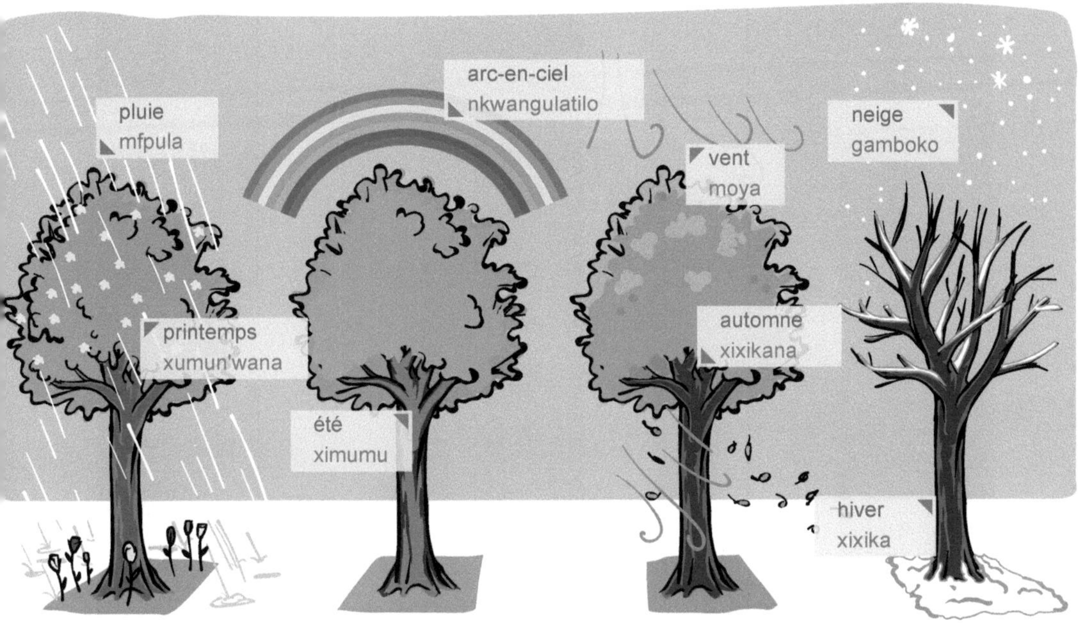

pluie
mfpula
arc-en-ciel
nkwangulatilo
vent
moya
neige
gamboko
printemps
xumun'wana
été
ximumu
automne
xixikana
hiver
xixika

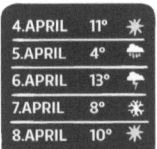

4.APRIL 11°
5.APRIL 4°
6.APRIL 13°
7.APRIL 8°
8.APRIL 10°

météo

vumbha tamaxelo

F
C
120
90
60
30
0
-30
40
30
20
10
0
-10
-20

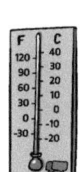

thermomètre

xipima-mahiselo

lumière du soleil

dyambu

nuage

papa

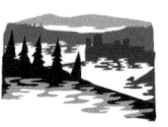

brouillard

hunguva

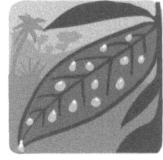

humidité

kutsakama

foudre

rihati

tonnerre

dzindza-tilo

tempête

xidzedze

grêle

xihangu

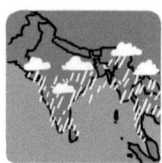

mousson

mpfula

inondation

ndhambi

glace

ayisi

janvier

Sunguti

février

Nyenyenyana

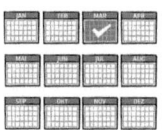

mars

Nyenyankulu

avril

Dzivamusoko

mai

Mudyaxihi

juin

Khotavuxika

juillet

Mawuwani

août

Mhawuri

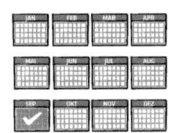

septembre
....
Ndzhati

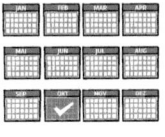

octobre
....
Nhlangula

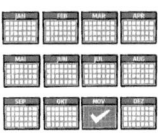

novembre
....
Hukuri

décembre
....
N'wendzamhala

formes

swivumbeko

cercle
....
xirendzevutana

carré
....
xikwere

rectangle
....
matlhelo ya mune

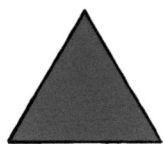

triangle
....
xivunguvungu xa tintlha
tinharhu

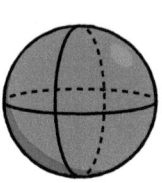

sphère
....
bolo

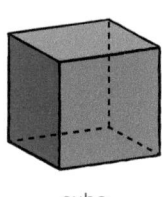

cube
....
cube

blanc

basa

jaune

xitshopana

orange

lamula

rose

tshwukanyana

rouge

tshwuka

violet

xigunguvungu

bleu

wasi

vert

rihlaza

marron

buraweni

gris

mpunga

noir

ntima

beaucoup / peu

swo tala / swi tsongo

fâché / calme

hlundzukile / rhurile

joli / laid

sasekile / bihile

début / fin

masungulo / makumo

grand / petit

kulu / tsongo

clair / obscure

vangama / munyama

frère / soeur

buti / sesi

propre / sale

basile / chakile

complet / incomplet

helerile / helelangiki

jour / nuit

siku / vusiku

mort / vivant

file / hanyaka

large / étroit

pfulekile / pfalekile

comestible / incomestible

swa dyiwa / a swi dyiwi

méchant / gentil

homboloka / lunghile

excité / ennuyé

tsakile / phirekile

gros / mince

nyuhela / lala

premier / dernier

masungulo / makumo

ami / ennemi

mungana / nala

plein / vide

tele / hava

dur / souple

tiyile / olova

lourd / léger

tika / vevuka

faim / soif

ndlala / torha

malade / sain

vabya / hanya

illégal / légal

swi ngariki enawini / enawini

intelligent / stupide

tlharihile / xiphukuphuku

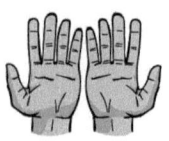

gauche / droite

ximati / xinene

proche / loin

akusuhi / kule

oppositions - swo hambana

nouveau / usé

yintshwa / tirhisiwile

rien / quelque chose

hava / xin'wana

vieux / jeune

dyuharile / muntshwa

marche / arrêt

xarirha / xitimile

ouvert / fermé

pfurile / pfariwile

faible / fort

myerile / huwa

riche / pauvre

fuwile / xisiwana

correct / incorrect

swinene / bihile

rugueux / lisse

khwasha / reta

triste / heureux

vaviseka / tsaka

court / long

koma / leha

lent / rapide

hlwela / hatlisa

mouillé / sec

tsakama / oma

chaud / froid

kufumela / titimela

guerre / paix

nyimpi / kurhula

0	**1**	**2**
zéro	un / une	deux
noto	n'we	mbirhi
3	**4**	**5**
trois	quatre	cinq
nharhu	mune	ntlhanu
6	**7**	**8**
six	sept	huit
ntsevu	nkombo	nhungu
9	**10**	**11**
neuf	dix	onze
nkaye	khume	khume n'we

12

douze

khume mbirhi

13

treize

khume nharhu

14

quatorze

khume mune

15

quinze

khume ntlhanu

16

seize

khume ntsevu

17

dix-sept

khumbe nkombo

18

dix-huit

khume nhungu

19

dix-neuf

khume nkaye

20

vingt

makhume mambirhi

100

cent

dzana

1.000

mille

gidi

1.000.000

million

gidi ya magidi

anglais

Xinghezi

anglais américain

Xinghezi xa Amerika

chinois mandarin

Xichayina xa Mandarin

hindi

Xihindi

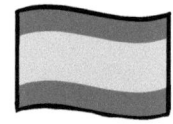

espagnol

Xipaniya

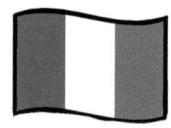

français

Xifurwa

arabe

Xiarabu

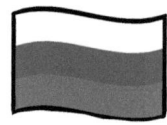

russe

Xirhaxiya

portugais

Xiputukezi

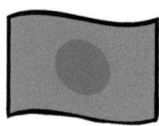

bengali

Xibengali

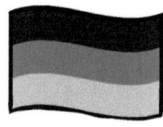

allemand

Xijarimani

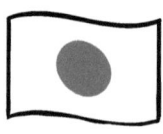

japonais

Xijapani

je

mina

tu

wena

il / elle / ce, c', cela

yena / yena / xona

nous

hina

vous

n'wina

ils / elles

vona

Qui ?

mani?

Quoi ?

yini?

Comment ?

njhani?

Où ?

kwihi?

Quand ?

rhini?

nom

vito

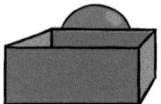

derrière

endzaku

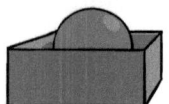

dans

ahehla

devant

emahlweni a

au-dessus

ahenhla ka

sur

eka

en-dessous

ehansi

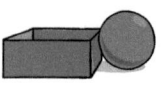

à côté de

handle ka

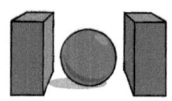

entre

exikarhi ka

lieu

ndhawu